行政経営改革の要諦

横山幸司
YOKOYAMA Kouji

サンライズ出版

行政経営改革の要諦　目次

まえがき

現在、我が国は、未曾有の人口減少社会に突入すると同時に、国家的な財政難を抱え、地方公共団体は、厳しい財政状況や職員定数の減少の中で、改めて、一層の行政経営改革の推進や民間活力導入の必要性に迫られています。また、地域コミュニティは疲弊し、自治体内部においても、民間企業と同様に、働き方改革や内部統制が求められています。

しかしながら、地方公共団体の現場では、何から手をつけていいのか分からない、専門家に相談するには躊躇するといった声が多く聞かれます。

そこで滋賀大学では、地方公共団体の行政経営改革の中核として期待される行政職員の皆さんを対象に、行政経営改革の知識やスキル、ノウハウを学び、行政経営改革に資する人材の育成を目的として、２０１９年度より「滋賀大学行政経営改革塾」を開講しました。

当塾は全10回のシリーズで、毎回、行政経営改革の各テーマに応じて、基調講義とグループワークを行い、最後にディスカッションの成果を発表しあいました。受講生は確実に行政経営改革のスキルをアップされたものと思います。

その成果の一つとして、すぐに、自身の自治体に持ち帰って事務事業見直しの実施や形骸化していた行政評価等の仕組みを改善されたりした受講生も少なくありません。

本書はこうした行政経営改革塾の講師陣の基調講義録を基に、書籍用の書き下ろしを加え再構成したものです。

第1章から6章ならびに第11章では、滋賀大学の教員による普遍的な行政経営改革の意義や手法について解説しています。第7章から10章にかけては、外部講師として招聘した各分野の専門家による解説です。ＰＦＩやＲＰＡ、ＡＩなどいずれも現代の最先端の内容が盛り込まれています。

本書を一通りお読みいただければ、行政経営改革の要諦がお分かりいただけるものと確信しております。

一つでも多くの自治体が、真の行政経営改革によって、未曾有の人口減少や財政難等に負けない地域になられることを心より願ってやみません。本書がその一助となれば幸いです。

２０２０年５月

編著者　滋賀大学　産学公連携推進機構　経済学系　教授
横　山　幸　司

第1章　なぜ今、行政経営改革が必要なのか

滋賀大学　横山幸司

人口減少社会と超高齢社会

はじめに、「なぜ今、行政経営改革が必要なのか」について述べていきたいと思います。私は大きくは四つの背景があると考えています。一つ目は人口減少社会と超高齢社会だと考えます。このことがありとあらゆる面で現代の我が国の社会、公共政策の問題を考えるときの大前提だと思います。２０１５年の国勢調査で日本の人口が初めて減少に転じました。滋賀県は０・17％の増加でしたが、２０４０年には、すべての都道府県で人口が２０１０年時と比して減少することが予想されています。さらに２０６０年には、総人口は現在の約４分の３、高齢化率は約40％に達するであろうと予測されています。今すでに過疎地を抱えている自治体の皆さんは危機感を持っていらっしゃると思い

ますが、滋賀県内の自治体ではまだ増えているところもあり、その辺の危機感が希薄です。しかし、そうした市町もひとたび郊外にでれば、過疎の地域があり、人はいるけど高齢化しているというのが現実です。それに対して、各自治体は、何か手を打っているかというと、手を打っていないというのが現実ではないでしょうか。地方創生で移住・定住政策、あるいは子育て支援政策などの政策を実施しているところは多いと思います。しかし、移住定住で何世帯増えたとかというのは全否定するつもりはないですが、焼け石に水です。ただし、私は全般を通じて申し上げることですが、人口減少を恐れることなかれと言っています。むしろ人口が4分の3になるならそれに合わせて公共政策も身の丈を考えていく、ということの方が重要だといえます。都市計画においては、ダウンサイジングが注目されています。不要なものを捨てて、身の丈に合ったもの、サイズを小さくしていく、そういうことが公共政策においても非常に大事だと思います。

比例して、自治体の職員数を見てみましょう。日本国民はお上意識が強くて、人口が減って、コミュニティが崩壊して、いろんなことが滞ったときには、最後は役所が助けてくれるだろうと思っています。私も一住民としてその考えは、半分はあります。ただ、半分は現実を知っているので、そうではないことも知っています。この20年来、全国の自治体では16％も職員数が減っています。皆さんの自治体でもおそらく2割近く職員数が減っているのではないでしょうか。なのに、仕事は減らない。たぶんそう言われる方は多いと思います。そこが一番の問題です。これが全編を通じての私の主張です。それを住民の皆さんにも理解してもらわなくてはいけません。これからの住民自治は行政頼みでは立ち行かないのだよ、役所も助けられないのだよということを認識して頂かなくてはいけません。

国家的な財政難

二つ目に国家的な財政難の問題です。財務省の発表では国及び地方の長期債務残高は、2018年度末で1103兆円でした。少し前までは1000兆円で日本国はやばいのではという話がありました。気づけば1103兆円になっています。我が国のGDPの2倍であり、先進国で最悪です。こんな国は他にありません。大きすぎて実感が湧かないかもしれませんが、令和元年10月1日から消費税率が引上げられたことはその最たる証拠でしょう。

自治体の財政について、財政を計る指標はいくつかありますが、一般の住民の皆様にも分かりやすいのは経常収支比率です。人件費、扶助費、公債費等、どうしても必要なお金の地方税、普通交付税等の一般財源に対する割合です。これは100％に近いほど財政の硬直度を示すというわけですが、日本国全体で93・4％になっています。数パーセントしか余裕がないということです。皆さんの自治体はどうですか。私がお聞きしている自治体の中にも、近い将来限りなく100％になるだろうという自治体もあります。これは滋賀県内の自治体だけの話ではありません。非常に多くの自治体で財政が硬直化してきていることが分かります。

公共インフラの危機

もう一つ付け加えますと、公共インフラの問題があります。代表的な例として、水道事業があります。ある自治体のシミュレーションですが、このままいけば、この数年以内に基金が底をつきます。水道事業そのものが成り立たない自治体が出てくることが予想されています。これが全国的に大きな問題になっています。新しいまちは水道管が新しいので、まだいいのですが、古くからのまちほど厳しい。そこで、国は2018年末に水道法を改正して、コンセッションという、分かりやすくいえば民営化できるようにしましたが、それで全てが解決するとは思えません。国というのはいきなり救済措置を取りません。まずは水道料金を値上げしましたかとか、経営戦略をつくりなさいとか言います。皆さんのところもつくられていると思います。日本国の水道料金は外国諸国に比べて極めて安いので、その水準を上げなさいとか、経営改善の努力をしましたか、民間活力を導入しましたかと。こういうことを迫ってきます。本当に立ち行かなくなった時には、特別立法措置が取られるかもしれませんが、それまでは自治体の自助努力を促すわけです。

行政の肥大化と既存組織の機能不全

三つ目の背景にいきたいと思います。行政の肥大化と既存組織（事業）の機能不全です。私はこれまでにも多くの自治体で事務事業の見直しを実施してきました。その際にも、こんな団体があって、こんな補助金を出していたのかという、びっくりするような事業に出くわすことがよくあります。現代では絶対に住民に理解されないと思われる補助金ですが、昭和の時代につくられて今日まで残っているような例です。言い換えれば、お金があった時の遺物です。行政の肥大化はいつ頃から始まったのか。それはそんなに昔ではありません。私は昭和30年代以降、つまり高度経済成長期以降と捉えています。どういうことかというと、行政は高度経済成長により多くの財源ができて、いろんな法律ができて、行き届いた公共政策をやることによって、どんどん肥大化してきました。それがお金のある時期はよかったのですが、お金がなくなってくると優先度とか、そんなことまで行政がする必要があるのかという議論が必要になってきたわけです。行政の肥大化の何が問題なのかと言えば、高度経済成長期、同時に人口増大期につくられた公共の施策が、人口が減っていく、財源も減っていく現代のなかで今なお当時と事務事業数は変わっていない。むしろ増え続けていますが、これでは、行政が破たんすることは目に見えているわけです。まずこの点が問題です。

さらに問題なのは、既存組織の機能不全です。近年、戦後につくられた代表的な地域の組織における不祥事のニュースが後を絶ちません。自治会やＰＴＡ役員らによる会費の横領、民生委員による視察と称した旅行、不祥事とまではいかなくても、自治会やＰＴＡ加入の強制、社会教育団体への極度な減免や補助金の既得権益化などが度々問題となっています。

もちろん、これらの既存の団体において、多くの人は真面目に活動されていると思います。

しかし、どこの団体でも人口減少と高齢化による担い手不足、財源不足に悩まされており、いつの間にか、活動の本旨を忘れて、団体を維持することが目的化している例が少なくありません。さらに、行政や団体の上部組織からの体のいい集金・動員マシーンと変質化している例も多く見受けられます。

これらの問題の本質は、戦後につくられた組織が現代の課題に対応できておらず、機能不全に陥っていることだと思います。この問題を解決するためには、既存の組織を現代の需要に合わせて統合再編あるいは再構築し、少ない担い手と財源を地域課題の何に充てるのか、そのために必要な組織は何かを真剣に検討する時期に来ているのではないでしょうか。

公共私の役割分担

別の観点から行政の肥大化を考えていきたいと思います。我が国は、近世まで、基本的には市民自治でした。江戸時代は名主や庄屋さんというような、地域のコミュニティのリーダーがいて、基本的に自治を行っていました。明治以降、近代行政の成立とともに行政が成熟していき、それが、現代では肥大化しすぎたとも言えます。そして2000年代初頭から「市民協働」ということが強く言われてきました。単純にこれは行政が縮小すればよいということではありません。公共私の役割分担をもう一度考え直していかないと、行き詰まるということです。防災で考えると分かりやすいと思います。防災では、公助・共助・自助が大切と言われます。やっぱり行政でやるべきこと、自分たちでやるべきこと、ご近所でやらなくてはいけないことがあります。それはそうしろということではなくて、自分でまず避難するとか、防災グッズを準備しておくとかは、自分しか出来ないんです。そして自分だけで出来ないことは、近所で助け合って、要支援者を助け出すとかをしなくてはいけません。そして、自分や近所ではどうにも出来ないこと、避難所を設置したり、自衛隊を要請したり、こういうことは行政にしか出来ません。これらは公から私への責任の押し付けでもなく、逆に私から公への依存でもありません。公共私が適切にそれぞれの役割を担うことにより、結果としてまちの防災力を高めることになるのです。こうした役割分担は防災分野だけでなく、すべての行政分野に必要です。市民協働政策については、役所の中でも協働の意味が勘違いされている例が多く見受けられます。市民協働の担当課だけが協働を叫んでいて、協働のための協働になっていることが結構あります。あらゆる行政分野にこの区分が必要で、ここをきちんと捉えて役割分担していく必要があります。公共的な事柄について、いつまでも行政が全部を担うとか、逆に全部自治で担うというのはどちらも間違いです。行政と住民双方が認識を改める必要があります。

変わりゆく公の概念

四つ目の背景として、公の概念そのものが変わりつつあります。

近年、ＰＰＰ（公民連携、パブリック・プライベート・パートナーシップ）という言葉が盛んに使われるようになってきましたが、それ以前にはＮＰＭ（ニュー・パブリック・マネジメント）という言葉がよく使われていました。１９９０年代終わりから２０００年代に流行った言葉ですが、ＰＰＰと何が違うかというとニュー・パブリック・マネジメントというのは直訳すると「新公共経営」ですけど、要するに地方公共団体の経営に民間の経営手法を取り入れようということです。これは、英国が発祥の地ですが、その影響を受けて我が国でつくられた制度が、指定管理者制度とか、行政評価の制度です。しかし、それではまだまだ甘いということで最近はＰＦＩ（プライベート・ファイナンス・イニシアティブ）とか指定管理者制度、民間委託、アウトソーシングなどすべてを含んだＰＰＰという概念が推進されているわけです。公共領域というものを完全に地方公共団体と民間がともに担うというのがＰＰＰの最終目標です。日本のＰＦＩ制度はまだ公共施設等ハードの建設・管理運営が中心であり、我が国のＰＰＰはまだまだ真のＰＰＰに至っていないと言えます。

また、さらに進んだ概念も出てきています。総務省「自治体戦略２０４０構想研究会・第二次報告」（２０１８）では、２０４０年の地方公共団体はどうあるべきかについて提言しています。これを拝見するとＰＰＰ政策と奇妙に一致します。どういうことかというと、今までの地方公共団体はサービス・プロバイダーであった。つまり、公共サービスの提供者＝役所です。日本国においては、当たり前のことです。しかし、これからの地方公共団体というのは、プラットフォーム・ビルダーに徹するべきだと。こういうことを言っています。つまり、将来は、それぞれの政策分野で公共的なサービスを提供するのは、全部民間企業が担います。福祉であろうと、教育であろうと、なんであろうと。公共領域が公共サービスのプラットフォームであるとすれば、その調整をし、規律をしたりするプラットフォーム・ビルダーの役割だけが、地方公共団体の役割であると。そういうものになっていくべきだと総務省研究会が提言しているのです。あと20年後で、本当にこんな世界が来るのかどうかは、私も信じがたいものがありますが、しかしそういうことを総務省研究会が言い出しているということを地方自治体は十分念頭に置いておく必要があると思います。

第1章のまとめです。行政経営改革が必要な背景には、人口減少ならびに超高齢社会や国家的な財政難、行政の肥大化などがあります。しかし最大の問題は、戦後長らく続いてきた既存の組織・事業が制度疲労をおこし、現代の地域をめぐる諸課題に対応できていないことにあります。そのことを見直すことは、公共のあり方、すなわち、公・協働・民(公共私)の役割を見つめ直すことでもあるのです。

【参考文献】

※国立社会保障人口問題研究所「総人口及び年齢構造係数：出生中位(死亡高位)推計」(2018)
※総務省「平成27年国勢調査『人口等基本集計結果』」(2016)
※総務省「地方公共団体定員管理調査結果」(2018)
※財務省「日本の財政関係資料(平成30年10月)」
※総務省「平成30年版地方財政白書」
※総務省「自治体戦略2040構想研究会・第二次報告」(2018)

第2章　行政経営改革とは何か

滋賀大学　横　山　幸　司

我が国の行政経営改革の系譜

我が国で行革（行財政改革の略語。近年は従来よりも広い概念を含めて行政経営改革という言葉が使われることが多くなりました。本章でも引用文献を除いて行革もしくは行政経営改革と表記させていただきます）という言葉がポピュラーになったのは中曽根内閣の時からです。三公社の民営化ですとか、日米構造改革などがありました。それから橋本内閣の時に中央省庁再編、地方分権計画というのがありました。それから小泉改革、このあたりからは記憶に新しいと思います。三位一体の改革とか、市町村合併も進みました。現在、安倍内閣が長期政権になっていて、ＰＰＰ政策などは、アベノミクスの一環として進められているところです。ここのところ、行革に関する大きな流れはありません。会計年度任用職員制度というのは、行革のためにつくられた制度ではありません。ただ、行革の契機にするべきと私は思っています。

ここで大事なのは、行政経営改革というのは、とかくコストカットに目が行きがちですが、財政再建、小さな政府だけではなく、市場と規制緩和、要するに民間への市場開放、公共分野を行政だけが担っていくというわけではなく、どんどん規制緩和して市場に開放していくということも一方ではやっていく必要があります。もう一つはガバナンスの改革、地域自治の制度や情報公開制度など、そういう制度そのものを改革するということで、行革というのは決してコストカットだけではなく、民間の活力導入・活性化、あるいはガバナンス・制度や統治の改革も含んだものであるということを是非覚えておいていただきたいと思います。

地方自治体の行革について、行革大綱を改定されている自治体もあるかと思います。行革大綱が最初に要請されたのは中曽根内閣の時です。後に地方分権一括法の施行や市町村合併があって、２０００年代に集中改革プラン策定などの要請がありました。その際に、定員管理や組織・機構の改革や民間委託などの言葉が見られます。現在もこの頃の集中改革プランの延長のままの行革大綱になっている自治体も多く見受けられるので、現代に合わせて変えていく必要があります。

地方自治体の行革を直接規定した法律はありません。ただ、地方自治法に行革の本旨があると考えます。地方自治法は地方自治の憲法と言われています。その第一条で「民主的にして能率的な行政」ということを言っています。第二条では、「最小の経費で最大の効果」という条文があります。また、「組織及び運営の合理化、規模の適正化」という条文もあります。ゆえに地方自治そのものが行革と表裏一体であることが分かります。私なりの解釈では地方自治とは地方の民主的な政治であり、健全な民主主義を遂行するためには、どこかに不祥事・不適切な面があれば、必ず滞ります。特にお金の面でそれは露呈することが多いと思います。先ほど、地域ガバナンスも含めて行革であると述べましたが、行革はコストカットだけでなく、それぞれの部署が行革を行うと組織全体の風土が変わってきます。私は不祥事が起こる自治体はだいたい分かります。基本的な事務が出来ていない自治体です。さらに、行革の最終地点は地域社会の改革だと思っていますす。自治体は補助金などを地域や団体に支出していますが不祥事を起こしているのに、しがらみがあってやめられない、続けていることが多いです。そのようなことを全部改めることを含めて行革です。役所・地域を含めたそのまち全体の改革ということです。

以上のことから、行革とは何かをまとめますと次の三点が重要ではないかと考えます。①行革は、「財政再建と小さな政府」だけを指すものではなく、「市場と規制緩和」、「ガバナンス改革」をも指す、②地方自治の本旨は行革の視点に立脚している、③行革とは単にコストカット・役所内の変革にあらず、地域社会を含めた地域全体の改革である。

間違いだらけの行政経営改革

行革に関する課題はいろいろありますが、ここでは便宜的に大きく四つに分けてみていきたいと思います。一つ目は「体制・体系の問題」です。そもそも行革の仕組みがない、仕組みがあっても政策評価が形骸化していたり、議論する時間がなかったり、総合計画をはじめとした各種計画、財政・人事と行革が結びついてなかったりということが往々にして見られます。二つ目に「方法の問題」です。「評価シート」が複雑化して職員の負担になっていたり、適切な評価指標が設定されていない、評価の基準が曖昧であったり、市民参加がアリバイ作りになっていたり、適切な評価者が選任されてないことなどが挙げられます。三つ目に「実効性の問題」です。政策評価は実施したがその後どうなったかは不明、毎年、同じ指摘がされているが改善された試しがない、一つスクラップしたら、二つ仕事が増えた、しがらみがあって補助金がカットできない、補助金をカットしたら、団体の長や議員から苦情が来たなどが挙げられます。四つ目は「その他」です。例えば、民間活力の導入がされていない、逆に、民間活力を導入しているが、指定管理者制度やＰＦＩを安上がりの道具だと思っている。補助金等の支出先のチェックをしていない、指定管理者や自治会には介入できないと思い込んでいる、国や県に言われた事業はやらないといけないと思っている、などが挙げられます。

以上のような問題点を踏まえ、行革を行う際の留意点として、次の七点を申し上げておきたいと思います。①行革は感情論ではなく、合理的・客観的、中立公正な基準に基づき、適切な評価者により評価すること、②議論の透明性が重要であること、③評価のための評価にならないこと、④様式はシンプルに、評価者、被評価者ともに負担を少なくすること、⑤効率的・効果的な役割分担を考えること、⑥行政内部の所管の問題はもとより適切な公民連携・市民協働の視点が重要であること、⑦行革は地域を含めた改革であり、適切な中間支援も重要であること。

行政経営改革の手順

行政経営改革は、通常、「①総合計画、行革大綱の策定」→「②業務の棚卸し」→「③事務事業の見直し」→「④適切な改善」→「⑤政策評価」→「⑥定期的なモニタリングの実施」の流れで行われます。

もう少し詳しく見ていきましょう。まずは「業務の棚卸し」を行います。「業務の棚卸し」とは、いわゆる人工、業務量の把握のことです。どれだけの人員とコストがかかっているか、その事務事業は義務か裁量か、財源は何か、終期はいつか、正規職員か会計年度任用職員が担うべき事務事業か、あるいは民間委託は可能か、などを整理します。

「業務の棚卸し」が終わりましたら、次に「事務事業の見直し」を行います。「公共性、必要性、有効性、効率性、達成度」など「合理的、客観的な基準」に基づき、事務事業の今後の方向性について「廃止、統合、縮小、発展、主体の変更、民間活力の導入」などに判定していきます。

「事務事業の見直し」が終わりましたら、個別に「適切な改善」を行っていきます。補助金・負担金等歳出の見直し、使用料・手数料等歳入の見直し、公共施設の合理化、民間活力の導入、AI／RPAの導入等がこの段階で検討されます。

そして、最後に「政策評価ならびに定期的なモニタリング」です。絶えず、定期的に、適切な行政経営がなされているか評価していくことが大切です。

以上が、行政経営改革の手順になりますが、本当は、業務の棚卸し～政策評価を行った後に、総合計画等が策定されるのが理想です。総合計画をつくった後に政策評価の指標を後付けでつくられるケースが多く見受けられますが、本来ならば、はじめに、どのような業務があるのか、それを今後どうするのかなどの評価の後、足りないものは足そう、要らないものは削ろうという見直し作業が必須です。そもそも、事業をつくる際に（施策を企画立案する際に）、その事業（施策）は何をもって評価するべきかを考えてつくられなければならないのは当然のことです。

また、PPPやAI、RPAなどの導入もまったく各担当課でバラバラに行われている例を多く見受けますが、こうした一連の行革の流れの中で検討されるべきです。そうでないと、各担当課は、自治体全体としてのコストパフォーマンスや方向性が分からないまま、むやみやたらに突き進むことになってしまい、それでは、果たして適切なPPPやAI・RPAの導入なのかといったことにもなりかねないからです。行革担当課をはじめ、全庁的に各課が常に行革を意識して、施策の企画立案、事務事業の遂行を行っていただきたいと思います。

【参考文献】

※平石正美「行政改革とＮＰＭの論理と展開」『日本の公共経営―新しい行政―』（北樹出版，２０１４）

第3章　業務の棚卸し

滋賀大学　横　山　幸　司

業務の棚卸しとは何か

本章は、「業務の棚卸し」がテーマです。

前章までは行革とは何か、行革はどういう手順でやるのか等について述べてきましたが、行革のプロセスの中でまず一番にするべきことは、「業務の棚卸し」です。しかし、残念ながら、「業務の棚卸し」をきちんとやっている自治体はあまりないのが現状です。それが、会計年度任用職員制度が２０２０年度から施行されるということで、これを契機に「業務の棚卸し」を実施する自治体が出てきています。会計年度任用職員制度は本来、行革のための制度ではありませんが、これが一つのきっかけとなり、行革が進むことが期待されています。

本章は大きく分けて四つの柱でお話を進めていきます。まずは「業務の棚卸しとは何か」です。自治体の「業務の棚卸し」について有名な自治体の例を二つご紹介します。一つ目は静岡県です。平成九年から取り組まれている自治体です。静岡県では、「『業務の棚卸し表』とは県の仕事について何をやっているか表にして見える化したうえで、その表を使って仕事を改善するためのものです」とあります。さらに「県の仕事は色々な分野に跨りとても複雑な為、改善するためには見やすく整理しなくてはいけません。そこで県庁で行っている仕事を課ごとにすべて書き出しています。何の目的のために何をするのか、業務の内容を目的別に整理して見えるようにしています」とあります。後ほども解説いたしますが、「業務の棚卸し」が目的ではなく、業務のプロセスを見える化するということが大きな目標となっています。さらには政策評価のためには「業務の棚卸し」をしなくてはなりません。二つ目に、群馬県館林《たてばやし》市では「各組織、係等が業務の目的と目的を達成するための手段、事務、業務との関わりを的確に把握するために『業務棚卸し表』を作成しております。この『業務棚卸し表』で業務の『見える化』が可能となる他、目的に対して手段が適切なのかどうか確認でき、更に、業務をよりよい内容や方向へ『改善』しやすくなります」とあります。

そもそも「業務の棚卸し」とは何かということですが、元々は企業経営の言葉です。簿記用語に「棚卸し」という言葉があります。「棚卸し」というと在庫の数量や原価の把握に用いられるのが一般的ですが、業務フローの改善を目的に「業務の棚卸し」という形で応用されることがあります。「業務棚卸し」は業務の洗い出しや用語の統一といった作業を経て、業務の可視化から定着までを行う手法です。そもそも「棚卸し」とは在庫商品の価格を評価するために、棚から商品を出して数量や品質などを調べることを指しますが、これらは主に決算日に際して行われ、損益を査定するときに大切な役割を果たしています。「業務棚卸し」は、この「棚卸し」の方法を業務の評価にあてはめたものです。具体的には、業務内容や業務の種類、どのくらい業務を行っているのかを目に見えるものにすることを言います。行政経営も原理は同じです。

まとめですが、「業務の棚卸し」とは、①どのような業務が存在しているか、②どれほどの人材をかけているか、③どれほどの時間をかけているか、④どれほどのコストをかけているか、⑤どのような手順で行っているかといった項目によって、業務を整理することです。当たり前のことですが各自治体ではいかがでしょうか。官公庁においては極めて弱い部分と言えるのではないでしょうか。

業務の棚卸しの意義と必要性

続いて、では、業務の棚卸しがなぜ必要なのか、そしてその意義についてお話を進めます。そもそも「業務の棚卸し」がなければ、本来、総合計画等行政計画も策定できません。新しい計画を策定するためには、今どのような業務があって、その業務はその自治体においてどのように位置づけられているのかが考えられていないといけません。歴史的にその使命を終えている業務があればそこで止めないといけないですし、足りなければ業務を追加しなくてはいけないわけです。自治体によっては、総合計画をつくった後に業務を当てはめていくというような例が多く見受けられますが、まったく本末転倒と言うべきです。

また、「業務の棚卸し」がなければ、組織の編成もできません。これも現在、どこの課でどのような業務が行われているかということの把握なしではできないはずです。比例して人事もできません。人事も日本の官公庁は伝統的に人事マネジメントが極めて弱いと私は思っています。背景として明治政府以来の近代官制に由来するところが大きいと思いますが、現代においての一番の原因は業務の棚卸しに基づく人事マネジメントが出来ていないことが大きいと思います。皆さんの自治体でも会計年度任用職員制度導入へ向けての準備が進められたかと思いますが、そもそもどういう身分の人がどういう仕事を行っているのかを整理することなしでは導入できないはずです。さらにはその先にあるアウトソーシングもできないはずです。最後に政策評価もできない。どのような業務があって、その業務を何で測るのかというものがないと政策評価も本来できないはずだからです。

業務の見える化

「業務の棚卸し」を行うことで何が明らかになるのかというと、一つには今まで見えなかった業務が明らかになるということがあります。事務分掌表や組織図、総合計画等に出てこない業務が多々あります。本来それはおかしいことです。二つ目に、費用対効果が明らかになるということがあります。例えばすごく目立つ事業を行っていると花形のように思われるが、それだけの費用をかけて業務を行っているのであれば当然であるとも言えます。自治体として本当にそれだけの費用を使ってまで実施していかないといけない事業なのかという議論もすべきです。逆に予算がないような業務もあります。予算を必要としない業務もあるでしょうが、ただ職員をタダ働きさせて、見えない作業をやっているというようなことであれば、是正していく必要があります。予算が低ければ良いという問題ではありません。三つ目に、不適切なプロセスが明らかになるということがあります。見える化という話がありましたが、「業務の棚卸し」の大きな目的はこれです。要するに誰がどういうプロセスで業務を行い、責任ある決裁を行っているかというようなことを明らかにすることです。悪い代表例を言いますと、不祥事が起こる自治体は必ずと言っていいほど、この点に問題があります。逆に言えば、行革が進んでいない自治体は不祥事が起こりやすいと言えます。業務が見える化されている自治体では不祥事が起こりにくいわけです。ある人に業務が集中して誰もチェックをしていないということが不祥事の温床になっていることが多いのです。ですから、誰から見てもあの人はどういう仕事をやっていて、この流れでやっていて、責任者が誰でということが明らかにされていれば不祥事もないはずなのです。2020年度より都道府県及び指定都市においては内部統制制度の方針を公表するように総務省から要請されていますが、「業務の棚卸し」は内部統制の観点からも重要だと思います。

最後に重複している事業、不要な事業が明らかになるということもあります。例えば、総合計画を策定する際に、そもそも総合計画をつくらないといけないのかという質問を自治体職員から受けることがありますが、総合計画はつくる必要があります。総合計画は自治体の政策の指針を定めるという意義と同時にその策定作業にこそ重要な意義があるからです。

なぜかというと、よく指摘されるように、行政は縦割りで、様々な課が似たような補助金や事業を行っていることが往々にして多いです。それを統合再編したり、非効率なものは廃止したり主体や方法を改善する必要があります。あまたある政策を体系立てて整理するということも重要でしょう。その前提になるのが「業務の棚卸し」なのです。

ゆえに、「業務の棚卸し」は、その後の政策評価と一体的に捉えられるということです。「業務の棚卸し」は目的ではなく、自治体の評価と表裏一体であると言えます。

間違いだらけの業務の棚卸し

「事務事業評価シート（標準モデル）」（図3-1）をご覧ください。

２０１８年度に滋賀大学地域活性化プランナー学び直し塾で、受講生の皆さんと一緒につくった事務事業評価シートの標準モデルです。いろんな自治体でいろんな事務事業評価シートを作成していると思いますが、これが最低限の情報量ではないかということ

④必要性の評価

評価	20

必要性	学校開放事業は、地域に密着し、最も身近な施設である小中学校のスポーツ施設を有効活用し、市民にスポーツ活動の場を提供するという点から、地域スポーツ振興の核となる事業である。昨年度末をもって学校施設の耐震化工事の完了に伴い、利用者数が増加しており、相当数の利用がある。市民の自主的なスポーツ活動を支援し、地域のスポーツ振興や青少年の健全育成等を図る点からも必要な事業である。

⑤公共性の評価（民間活力導入可能性等）

評価	10

現状の委託等	■ 全部 □ 一部 □ 無	学校開放事業については、許可行為を除き、○○市シルバー人材センターや学校開放運営委員会にすべての事業を委託しており、現状以上の委託はできない。 なお、事業の担い手を地域団体に移行することを検討している。
委託等の可能性	□ 法に基づき市が直接全てを実施すべき業務 ■ 上記以外 委託等の余地 □有 ■無	

⑥経済性・効率性の評価

評価	5

現状の受益者負担	■ 有 □ 無 □ 該当なし	平成○○年○○月から、夜間照明実費弁償金として、大人（高校生以上）の団体1回1,000円、子どもの団体1回500円を徴収しているが、適正な受益者負担額を設定する必要がある。
見直しの必要性	■ 有 □ 無	事業委託により効率的に実施しているが、今後は事業運営を地域団体に移行するなど、地域の参画に向けた取り組みが必要である。

⑦有効性の評価

評価	15

有効性	市民の健康保持・増進のため、気軽に運動やスポーツを楽しめる環境づくりを進めるうえで、小・中学校は市民の身近な存在であり、箇所数も多い。 新規にスポーツ施設・設備を整備する必要もなく、現状の施設をそのまま活用できることは有効性がある。

⑧達成度の評価

評価	10

評価指標1	学校スポーツ施設の延べ利用人数				評価指標2				
目標・実績	目標値	772,732	達成年度	29 年度	目標・実績	目標値		達成年度	年度
平成29年度の目標に対する達成状況	□ （概ね）達成 ■ やや達成できず □ 下回った		本年度時点での実績値	748,986	平成29年度の目標に対する達成状況	□ （概ね）達成 □ やや達成できず □ 下回った		本年度時点での実績値	
平成○○年度に策定した総合計画（前期）の最終年度である平成29年度までに、平成24年度実績（735,935人）に対して5%増を目標としている。 目標には未達であったが、平成24年度実績を上回る利用者数となっている。									

⑨総合評価および改善の方向性

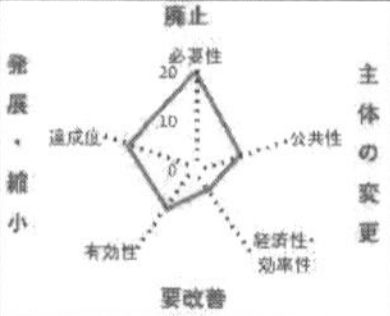

要改善・主体の変更	60
総合評価および翌年度以降の取組方針	
市民にとって最も身近な施設である小中学校のスポーツ施設を開放することで、市民にスポーツ活動の場を提供し、健康づくりや地域スポーツの振興とコミュニティ推進が図られている。市民にスポーツ活動の場を提供するためには不可欠の事業であるが、同時に多額の事業費を要しているため、今後は効率的な事業運営に努めるとともに、地域団体による学校開放事業の試行を開始する。また、適正な受益者負担額を設定する。	

平成　30 年度事務事業評価シート　　（平成　29 年度決算）

事務事業名	学校開放事業費		CA4K
根拠法令	○○市立学校スポーツ施設の使用に関する規則		
個別計画	○○市スポーツ推進計画		
事業開始年度	昭和42年度	事業完了年度	平成29年度

事業分類	ソフト事業	
会計	01	一般会計
款	50	教育費
項	40	保健体育費
目	15	社会体育費

施策	02	生涯学習			
展開方向	02-2	健康の保持・増進のため、気軽に運動やスポーツを楽しめる環境づくりに取り組みます。			
行政の取組	02-2	運動やスポーツによる市民の健康づくり			
部	教育委員会事務局	課	スポーツ振興課・学校運営課	所属長名	○○ ○○

①事業概要

事業実施趣旨	小学校・中学校のグラウンド、体育館および中学校の柔剣道場を市民に開放し、市民スポーツや地域スポーツ活動の振興を図る。		
対象（誰を・何を）	市民	受益者数（算定根拠）	748,986 人（29年度） 学校スポーツ施設延べ利用人数
求める成果（どのような状態にしたいか）	市民にスポーツやレクリエーション活動の場を提供することにより、市民スポーツの振興が図られている。		
実施内容	・小学校、中学校の体育館、グラウンドおよび中学校の柔剣道場の開放 ・学校開放運営委員会設置校（小学校○○校）においては、体育館・グラウンド等のスポーツ施設管理、各種スポーツプログラムの提供、「体育の日」の地域運動会の開催 ・平成○○年○○月から、夜間照明実費弁償金として、大人（高校生以上）の団体1回1,000円、子どもの団体1回500円を徴収している。		
年間スケジュール	4月～3月　学校体育施設の開放事業（施設管理、弁償金徴収等） 10月　体育の日の地域運動会の開催		

②国および他自治体との比較

	国（文部科学省）	自治体名①	自治体名②	自治体名③
国及び他自治体との基準比較	該当なし	○○市、○○市 本市と同様に実施 （会費1月当り2,000円）	○○市 小学校を対象に、事業をスポーツクラブに委託	

③事業費　（単位：千円）

		28年度決算	29年度決算	（参考）30年度予算	備考
事業費 A		72,201	70,832	75,176	
	需用費	947	1,081	1,278	
	委託料	71,225	69,626	73,805	消耗品費・印刷製本費・修繕料
	報償費			20	
	使用料及び賃借料	4	3	43	
	その他	25	122	30	
人件費 B		11,648	14,308	11,023	
	正職員人工数	0.66	0.99	1.57	
	正職員人件費	5,279	7,875	11,008	
	嘱託等人工数	1.20	1.55	1.50	
	嘱託等人件費	6,368	6,431	13	
合計 C（A＋B）		83,849	85,140	86,199	
Cの財源内訳	国庫支出金 県支出金				
	市債 その他				※左の「使用料等」に額の記載がある場合 29年度　受益者1人あたり負担額 3 円
	一般財源	81,449	82,740	83,799	
	使用料等	2,400	2,400	2,400	

図3-1　「事務事業評価シート（標準モデル）」

で作成しております。「業務の棚卸し」と政策評価は一体になっておりまして、オモテ面が「業務の棚卸し」に相当する情報です。どういう計画の体系の中で行われているのか、終期はいつか、法的義務があるのかどうかというようなことが記載されるようになっています。

いくつかの代表的な間違いの例を述べていきたいと思います。一つ目に、先にも述べましたが、後付けで、総合計画等行政計画に位置づけている、事務事業評価シートを作成して各課に配布して評価をしてもらっているという例です。その時になって初めてこの事業はどこに位置づけられるのかを気にするわけです。おかしいですよね。そもそも計画にない施策を自治体が行ってはいけないはずです。今までなかった事業は新たに位置づけなくてはいけないですし、無駄な事業となっていれば廃止なり何らかの是正が必要です。二つ目に、法的根拠です。法的根拠を確認していない自治体は非常に多いです。例えば補助金や負担金にしても何の法的根拠に基づいて支出しているのかと担当課に尋ねると、法的義務はなく任意のものがほとんどです。県や広域組合などへの負担金はお付き合い的なものが多かったりします。自治体から地域の団体に出している補助金についても、いつつくられたのか、何の根拠によるのか、下手すると要綱も何もないという違法状態のものもあります。これも担当課に尋ねると、昔の首長の時に政治的な理由でというものも多いです。そういう根拠のないものは、止めなくてはいけません。義務的な補助金・負担金でないにもかかわらず、廃止や縮小は不可能だと思い込んでいる例も多く見受けられます。義務的なものでも負担割合が適切なのかどうなのか、当該自治体にとって支出に見合ったメリットがあるものなのかということは突っ込んでもいいのです。財政課の方でも予算の査定時に昔から続いているものについては何も言わないことが多いです。予算がかかっていないから良い事業ということになっているものもあります。予算がかからない事業はそもそも止めたほうがいいということも多いです。なぜなら、どこかで職員の負担になっていることが多いからです。予算がかからないから良い事業ということでもないはずです。三つ目に、始期や終期の問題です。始期については先ほど述べましたが、終期設定のない事務事業評価シートも非常に多いです。終期設定は絶対に定めたほうが良いです。ルーティーン的な事業であっても3年とか5年といった周期で必ず見直しを行うということが重要です。どんなにうまくいっている事業でもなにがしかの改善点はあるものです。担当の方も変わりますので、誰が後任になっても分かる引継書、事務事業評価シートを整備しておく必要があります。四つ目に、正規職員が担うべき業務か、臨時職員が担うべき業務か議論がされていないという例も多く見受けられます。職員定数の帳尻が合わされているだけということも多いのではないでしょうか。正当な根拠もなく、正職員一人につき、臨時職員を二人付けておけば良いというような人事は人事とは呼べません。どのような身分の人がどのような業務を行っているということがきちんと明らかになっていなければなりません。

業務の棚卸しに必要な項目

では、業務の棚卸しに必要な項目は何かということですが、政策体系上の位置づけや予算上の位置づけ、事業費、人件費、正職員・臨時職員の別、法的根拠、始期・終期は必須項目と言えるでしょう。課題は業務量の把握です。確かに公務員の業務量の把握は難しいです。専門性が高いのか非専門性か、定型か非定型か、他にも時間制御性や季節性などがありますが、基本的には人×時間であります。みなさんも指定管理者制度や業務委託等で業者には人工を求めますよね。ところが自分たちの人工はいかがでしょうか。これが日本の公務員制度の悪いところです。本当は人と時間を正確に把握するのがベストだと思います。業務を「1」として自分がその業務に何割関わっているのかという方法で簡易的に算出している自治体が多く見受けられますが、望ましい方法とは言えません。

「働き方改革」や「内部統制」も「業務の棚卸し」から

本章のまとめですが、「業務の棚卸し」は行政経営改革を行うにあたり、真っ先に行うべきものです。「業務の棚卸し」を行うことにより、ほぼ、それ以降の事務事業の見直し、すなわち施策の方向性も明らかになります。

現在、国が進めている「働き方改革」も、いくら有給休暇を取得しろ、残業はするなと言われても、無駄な仕事を減らさなければ、根本的な解決にはつながりません。「内部統制」も然りです。一番の基本は、業務の見える化なのです。

確かに行政の行う業務の把握には課題があります。時間的な量だけではなく質の問題もあるでしょう。しかし、少なくとも、業務を把握しようとする意識が行政経営改革につながりますし、そういう姿勢の自治体は「働き方改革」も「内部統制」にも積極的であると感じます。これらの改革を行おうとする自治体は、第一に「業務の棚卸し」を行っていただきたいと思います。

【参考文献】

※静岡県「業務棚卸表」（2017）
※館林市「業務棚卸表」（2019）

第4章　補助金・負担金等歳出の見直し

滋賀大学　横山幸司

事務事業の見直しとは何か

「事務事業の見直し」と言うと、「事業仕分け」を思い浮かべる自治体も少なくないと思います。「事業仕分け」とは一般社団法人構想日本という団体が始められた活動で、その手法を使った国政における民主党政権時代のものが有名です。地方自治体においても、構想日本や滋賀大学との共同開催などによって、多くの自治体で取り組まれました。しかし、ややもすれば外部評価者から自治体職員が批判されるような場面が多く見受けられ、自治体側からアレルギー反応が出まして、その後は滋賀県下でもいわゆるライブ中継型の「事業仕分け」を行う自治体は少なくなりました。こうした手法に代わる事務事業の見直し手法(運営・体制)については、私が近年、滋賀県内外の自治体で取り組んでいる例を後述したいと思います。

この「事業仕分け」は私の解釈では、「外部評価者による事務事業見直し」の一つの型であると考えます。その手法は別にして、本来、行政経営改革には必須な作業でして、例えば、一つひとつの補助金・負担金を外部の視点から見直していく作業は必須なわけです。行革の中でも最も大事な作業が「事務事業の見直し」だと思います。「事務事業の見直しなくして行革なし」です。「事務事業の見直し」の中には、「補助金・負担金等歳出の見直し」や「使用料・手数料等歳入の見直し」、あるいは「民間活力の導入」なども含まれます。

そこで、本章では、「歳出の見直し」の中でも代表的な「補助金」を中心に見直し手法等について述べていきたいと思います。

補助金とは何か

はじめに、補助金とは何かということですが、教科書的におさらいしますと、地方自治体から私人に対して、特定の行政上の目的のためになされる金銭的給付です。公益上、必要がある場合において認められるものとされています。法的根拠はというと、遡ると憲法までいきますが、地方自治法第２３２条の２に「普通地方公共団体は、その公益上必要がある場合においては、寄附又は補助をすることができる」とあります。自治体の現場におきましては交付規則、交付要綱により交付されているのが実際だと思います。私が実際に自治体に入って「補助金・負担金の見直し」をしていますと時々、交付規則や交付要綱がない場合がありますが、その時点でアウトです。交付要綱がない補助金などはあり得ないです。以上が法的根拠になります。

次に、補助金の分類ですが、いくつかの切り口があります。はじめに、義務的な補助金なのか、任意的な補助金なのか、です。法令で決まっているものは義務的な補助金です。そうでないものは任意の補助金となります。「補助金・負担金の見直し」時も法令で義務があるものは除外する場合があります。裁量が無い補助金につきましては除外しても良いかもしれません。任意的な補助金というのが対象の中心になってくるということになります。ただ、義務的な補助金についても、その割合ですとか、手続き等については議論する余地はあります。

別の分類の仕方をしますと単独補助なのか協調補助なのかという分類もあります。単独補助が主な対象になりますが、協調補助も見る必要があります。何か協調してやっているとか、国や県が何割か出しているからいいだろうと言って財政査定もスルーされるケースが多いですが、本当にそれはお付き合いして出さないといけないのかということも議論する必要があるからです。あるいは、その負担の割合が適切なのかということを議論する必要がありますので、最初から除外するようなことはしない方がいいと思います。

その他にも、自治体の事例を見ていきますと、性質別に分類している自治体もあります。これは自治体独自で分類されています。滋賀県の多賀《たが》町では、運営費補助なのか、事業費補助なのかという分類をされています。神戸市では、経済支援型、これは福祉関係が多いと思います。大会支援型、これはイベント関係が多いと思います。他にも施設整備支援型、行政補完型、政策誘導型というように分類されています。

このように分類していくとどこの補助金が多いとか、財政を圧縮する場合に分類別に見ていく、目標を決めていくということが可能になります。補助金と言っても種類が多岐にわたりますので、自治体のその時、見直したい視点によってどういう分類を採用するか決定するのが良いかと思います。

補助金の効果と問題点

補助金の効果と問題点ということですが、補助金の効果は市民活動を活性化させたり、経済活動を活性化させたり、まちづくりを促進したり、行政の補完的な役割だったりというものが期待されています。

それに対して問題点ですが、一つ目に、財政の効率的運営の妨げとなる補助金の垂れ流し、いわゆる既得権益化など、財政の硬直化を招くということが挙げられます。

二つ目に、補助金の目的が達成され、効果が薄れても、その廃止が困難であるということで、結局止められないということが挙げられます。三つ目に、支出の明確な原則や基準がない場合は、画一的、総花的になりやすいということがあります。上限がない場合や政治的な付き合いでということも見受けられます。それから、本来行政の責任においてなされるべき事業が、補助金の支出という形で安易になされやすい問題として、団体補助があります。行政がやればよいものを、補助金を出すことによって、地域とか団体に押し付けている、丸投げしているというケースです。本当の意味での公共私の分担は必要ですが、必要悪みたいになってしまっていて、古くからある団体などが対象になることが多いですが、何が目的だったのか、その団体を食わせるために補助をしているのか、というような本末転倒なケースです。まずは行政でやるべきことは行政でやらないといけないし、どうしても民でないと出来ないということを補助するのが目的ですから、そうでない目的を見失ってしまっているものについて、本当に必要かどうかを検討しないといけないということです。

補助金見直しの視点

それでは、こうした補助金をどういう視点で見直していくのがいいのか、いくつかのポイントを挙げていきましょう。以下のような状態の補助金は廃止するか改めるべきというものです。

①制度の利用がない、補助金があるが使われていない。そういうものは止めようということです。②社会情勢の変化や自治体の施策の方向性と合わなくなってきている。何十年前につくられて今の時代それは使命を終えたのではないかというものです。③補助対象事業の歳入総額に対し補助額少額であるというものもあります。裕福な予算規模のある事業、組織なんかが1万円くらいの補助をもらっているようなケースです。そもそも補助金など必要もないけど、お金を断る理由もないので、貰い続けているといった例

です。④団体の繰越金が補助額を上回っており、補助額に見合う事業が実施されていない。これも多いです。ひどいケースだと、もらった補助金をそのまま来年度に繰り越しているという例もあります。そのような団体に補助金は要らないということです。⑤団体の運営に対する補助として国や県補助金に上乗せする形で補助金を支出しているが、市補助額を上回る繰越金が生じている。県からも貰っているし、色々な所から貰っている。結局繰越金が増えている。これも要らないのではないかというものです。⑥補助事業に要する経費に対する自治体の負担が大きい。これは逆に補助金依存型、補助金が無いとやらないよと言っているものです。貰わないと困ると言っている場合もあります。これはケースバイケースだと思いますが、単なる自分たちの自己満足の活動の存続のためであれば、止めてもらいたいです。⑦当該自治体が支出している他の補助金と重複している。これも結構あります。当該自治体から色んな部署が同じ団体にお金を出している。福祉や商工関係に多くみられます。⑧要綱や規約、協定書等が定められていない。前述しましたが、そもそも法的根拠がない。これはもってのほかです。⑨補助額が高額で交付限度額が定められていない。これも多いです。予算に応じて交付するというようなものであったり、上限なしであったり、これも昔からある団体への補助に多く見られます。やはり、上限額は決めなくてはいけないと思います。⑩制度や手続きが複雑で申請者にとって分かりにくい。これは重要なことです。補助制度は使われて何ぼですから、使われない制度であれば、止めたほうがいいです。使われないということは何かに問題があるわけで、その原因は何なのかということを考えなくてはいけません。そもそも需要がないのか、需要があるけど面倒だから使ってもらえないのか、であれば、申請手続や書類は簡単にすべきです。自治体職員の皆さんは自分が住民の立場になって考えてみてください。⑪交付要綱に定める目的、補助対象経費に沿った支出がされていない。団体補助で多く見られます。何に使われているのか分からない。最近は、団体補助は限りなく減ってきていて、具体的な事業費補助に転換する自治体が増えてきました。自治体としてお金を出しているのですから、何をしてほしいか言うべきです。それがなされていないのであれば補助はやめるべきです。⑫毎年度交付しているが、補助額の積算根拠が不明であるもの、定額補助というものです。これも最近は改める方向です。毎年5万円というものはおかしいわけです。積算の根拠があって額が決まるということを徹底していかないと不祥事につながることが多いです。

以上が具体的な見直しの視点の例でした。このような視点に立って、自治体は見直し対象事業を抽出しますが、抽出した事業を見直すためには基準が必要です。評価者が公平な立場で、こういう基準で評価したということがないと評価される側も納得いかないということになります。そのためには共通した基準が必要です。いくつかの具体例をみていきましょう。

補助金評価の基準

一つ目は、公益性です。ニーズが高いか、自治体の政策と合致しているか、住民の福祉向上につながるかです。二つ目に、公平性・透明性です。特定の団体に固定されているようなことがあってはいけないわけです。毎年その団体に自動的に支出されている。これはやっぱりおかしいですね。審査があって、選定があって決定されるということが大事です。三つ目に、行政関与の必要性というものです。行政が補助する必要があるか、対象団体は自立可能ではないか、他の民間団体で代替が可能ではないかということも見ていく必要があります。四つ目に、補助の効果です。期待された効果が発揮されているのか、広く住民に普及するものか、一部の人達を利するようなことがあってはいけませんし、期待された効果がなければ補助自体を考え直さなくてはいけないということです。

五つ目に、妥当性です。補助の金額・率は妥当か、対象経費、積算根拠は明確か、負担は必要不可欠か、負担割合は適切かという妥当性を見ていくということです。さらに神戸市の例では、重要度における優先性とか手段としての有効性とかも見ています。また、補助団体の財政状況からみた妥当性もありますが、これは大事です。補助対象先の話です。多くの自治体が補助したら終わりです。実績報告書はもらいますが、そこの団体がどういう状況かを把握していることは少ないです。その団体が何をやっているか知らないということは良くないと思います。どこまで踏み込めるかという問題はあるかと思いますが、公金を支出している以上はそこの団体が適切な団体なのかチェックする必要があります。怪しければ止めるべきです。そういうところまで見てほしいということです。まとめますと、①目的は適切か、②手段・方法は適切か、③効果があるのか、④補助対象団体は適切か、の大きくはこの四つが重要だと思います。具体的にどこまで細かく設定されるかについては各自治体の事情に応じて設定されれば良いと思います。

補助金適正化の視点

以上のような視点によって見直しが必要と判断された補助金について、どう改善していくのかといったポイントについて述べたいと思います。

一つ目に、補助金額・補助率の適正化です。金額や補助割合が適切かを考えるということです。時々、補助金は2分の1以内にしなさい、対象経費の半分は補助対象団体が持ちなさいと、もっと厳しい場合だと3分の1以下にしなさいと過去に補助金の見直しをした自治体ほどそういう基準が見受けられます。全く悪いということではないのですが、私は考え物だと思っています。いい事業、補助先であれば、別に10割補助であっても良いと思います。2分の1を自己財源で確保するのは大変なことです。あまり2分の1に拘るのはどうかと思います。ただ、それが何年も続くような既得権益化することはあってはならないということです。二つ目に、団体運営補助の原則禁止です。原則ということでケースバイケースでしょうが、私の実感では止めたほうが良いと思います。団体に漠然と何百万とか何十万とかを交付するということは適切ではないと思います。手間がかかっても事業費を積み上げていくことが良いと思います。三つ目に、適切な支出方法への転換として、そもそも補助金という形が良いのかということです。行政の直執行の方が良いとか、委託にしてはどうか等が考えられます。そもそも補助金ということが適切なのかどうかを考えるということです。四つ目に、適切な交付先の選定の適正化です。交付先の選定は公募制が原則です。既得権益化する補助金というのは大抵、非公募、選定審査を経ずに毎年決まった団体等に交付している例がほとんどです。例えば、社会教育関係団体への補助金に多く見られます。そこが全部悪いというわけではないのですが伝統的な団体ほど、いままで利益を受けてきたということは否めません。本当に必要な団体でしたら、申請してきます。審査も通ります。公募や審査を拒む団体ほど、いままで何の努力もせずに利益を享受してきた団体が多いです。五つ目に、補助交付先の財政状況の検証というものです。繰越金や内部留保、補助金に対する依存状況などを見ることです。補助金を交付した団体の支出先を検証すると補助金のほとんどがその上の県や国の上部組織への負担金という形の上納金になっているケースが少なくありません。その団体は何のためにあるのか、まるで上納するために補助金を出しているのかというような例も実際多く見受けられます。

こういう例は前述の社会教育分野だけではなく、ありとあらゆる分野に存在します。皆さんの自治体でも必ず見直してください。かなりあるはずです。これだけでも大分違ってきます。これらはほとんどが法的義務の無い負担金です。こういうのは止めてもらって良いと思います。何とか協会とか連絡協議会とかがそうです。最後、六つ目に、再補助の原則禁止です。交付先の団体がまた別の団体に補助をするというものです。余程必要な場合を除けば、あまり認めるべきではありません。非効率なことが多いからです。

事務事業見直しの要諦

一つ目、補助金・負担金等を見直すためには、客観的・合理的な見直し基準を持つことが必須です。二つ目、明確な見直し基準を持ちながら、実効性の伴っていない自治体は庁内外の共通認識の欠如が原因として大きいといえます。行革担当課や財政担当課は意識していても、全職員が見直しの重要性を意識していない。ただ、前例に従って、担当者が補助金を出している例です。全庁で周知徹底していくことが大事です。さらには住民や議会にも理解してもらうことが大切です。三つ目に、不当な圧力に屈しないためには、明確な見直し基準、評価の公開性、評価者の専門性が重要であるということです。どうしても政治的な壁にあたることはあります。それは否定しません。しかし、政治的な問題で仕方がないといって、最初からそれに負けてはいけません。何ともならない問題はあるというのは分かりますが、我々ができることは公明正大な基準でもって、中立公平な立場によって評価するということです。これが結果的には議会ですとか、住民ですとか、団体に対する説得力になります。それ以上どうしようもないことはしょうがないです。しかし、原則を貫くことが大事になってきます。ですから、四つ目に、ひとたび、見直しを始めたら、決して、理由なき例外をつくってはいけません。それ以降の信頼を失うからです。政治的な理由で見直しが実行できなかったというものがあれば、その顛末を記録として残しておいてください。後世に残してください。それを発表するかどうかは別にして。しかし、自分達から議員に怒鳴り込まれたからとか、団体の長が来たからとか、合理的な理由もなく改竄と言いますか、変えてしまうことは止めるべきです。必ずその情報が洩れて、例えば、議員を使えば改革の対象外となるとなればお終いです。二度と見直しはできません。不当な圧力には絶対に屈してはいけないのです。私はこれまで多くの自治体で「事務事業の見直し」を行ってきましたが、脅迫されたりしたことはありません。もちろん、そんなことがあればそれは犯罪です。ただし、体育協会長に議員を伴って、苦情を言われたことはありました。その時も理をもって説きました。体育館の減免の改定だったのですが、「今まで減免であまりにも受益者負担をいただいてこなかったので、自治体としてこんなに収入が無いのです。だから体育館の修繕もできないのです。それを平等に負担していただければ、これだけの財源ができ、修繕も出来るのですよ」と。最後には納得して帰られました。行革を行うには正攻法しかないのです。愚直にやるしかないのです。それが結局は自治体職員の身を守ることになるのです。不当な圧力に屈し、理由なき変更をすれば、二度と元には戻れません。

しかし、担当者あるいは役所だけで、改革を行っていくことが大変なことは良く分かります。ですから、第三者、専門家の人たちで組織する委員会等によって、そういう抵抗勢力に立ち向かっていくこと、全庁的な体制で改革を実施していくことが非常に重要だと思います。

事務事業見直しの運営・体制

最後に、ご参考までに、私が近年、滋賀県内外の自治体で取り組んでいる事務事業の見直しの手法（運営・体制）の例をご紹介したいと思います。大きくは三つの特色があります。

一つ目に、事務事業の見直しは非公開で行います。非公開と言いましても、議論の内容や判定結果、理由等は後日公開します。ただ、ライブ中継で傍聴者もいるとか、そういう方法は用いないということです。そうでないと職員の本音が出ないからです。私の行う事務事業の見直しは、次に述べますように、第三者である専門家と行革（財政）担当課、当該事務事業担当課（原課）の三者で行います。原課を非難するようなことはせず、どうしたら無駄な事業をなくせるか、効率的な手法はないか等を三者一体となって考えていく場とします。このことによって建設的な事務事業の見直しが行えるのです。

二つ目に、評価者につきましては、地方自治、法律、会計、労務など専門家を揃えるということです。分野ごとには福祉は福祉の専門家とか、住民の代表を入れるとか、アレンジはあって良いと思います。ただ、圧倒的な専門性で判断するということが重要だということです。何故かというと素人集団が判断すると、例えば議会が反発したような時に反論が弱くなってしまうからです。しがらみのない専門家の人達が法律的な見地、会計的な見地あるいは労務的な見地から合理的に判断した時にやっぱりこれは止めるべきだろうと出された意見に対しては、それに反論するということは極めて難しいわけです。逆に言えば、そういう答えを出さないといけないということです。反論する余地がある答えを出してはいけないということです。

三つ目に、事務事業の見直しシートはなるべく予算要求資料を流用するなどして、簡略化し、予算に直結させることです。これらは原課の負担を減らすということと、予算に直結させ、実効性を担保するという意味があります。行革と人事、予算というものが結びついていないと意味がありません。そういう面では予算シートをアレンジすることが良いかと思います。他にも総合計画の評価シート等を流用する等も考えられるでしょう。いずれにしてもシンプルイズベストが原則です。

【参考文献】

※多賀町「補助金見直しガイドライン」（２０１８）
※神戸市「補助金見直しガイドライン」（２０１６）
※江南市「補助金等検討委員会資料」（２０１９）

第5章　使用料・手数料等歳入の見直し

滋賀大学　横山幸司

使用料・手数料とは何か

前章までは、いわゆる歳出の見直しでした。しかし、歳出だけの見直しではなく、歳入の方の見直しも行う必要があります。しかし、それがしっかりとできていない自治体が多いです。歳入の見直しの代表的なものとして、本章では、「使用料・手数料の見直し」について述べていきたいと思います。そもそも使用料・手数料とは何かということをなかなか学ぶ機会がありませんので、使用料・手数料とは、どういうものなのか、どういう算定方法なのか、そして問題になるのは減免です。そのあたりについてみていきましょう。

まず、使用料・手数料とは何かですが、法的根拠の大もとは地方自治法です。地方自治法の第２２５条に使用料の規定があります。公の施設の使用につき使用料を徴収することができるとあります。具体的には自販機の使用料や河川の使用料、公営住宅や保育料についても使用料の一種です。一番メジャーなのは市民文化会館ですとか体育館のような公共施設の使用料です。それから水道料金なども使用料に入ります。手数料に関しても地方自治法の第２２７条に根拠があります。これは特定の者のためにするものにつき、手数料を徴収することができる。例えば、住民票ですとか所得証明書の発行手数料、その他証明、検査、許可に関する手数料が含まれます。

使用料・手数料の課題

使用料・手数料の課題と基本的な考え方についてですが、使用料・手数料の何が問題なのかと申しますと六点ほど挙げられます。一点目ですが、長年にわたり据え置かれてきたものが多い。市町村合併以降、見直しがされていない。合併時にさえ、見直されていない自治体もあります。これが一番代表的なものだと思います。首長、議会の責任も大きいと思います。首長や議会が自分たちの任期中は使用料・手数料を値上げせず放置してきたという例です。合併の時はどこかの基準で決めていると思いますが、それ以降はそのままであるといったケースや、合併の際も見直しされなかったというケースもあります。あるいは、合併時に一番安価なラインに決めてしまい、それ以降値上げがされにくくなってしまったというケースもあります。二点目には同じ自治体内に存在する同種類の公共施設でも、料金に差があったり、減免規定が一律でなかったりする。市町村合併したまちにおいて旧自治体ごとに違ったりするケースはよくあることですが、合併しなかった町であっても建物ができた歴史や経緯が違うということで、同じ社会教育施設であってもあっちに行くと安い、こっちは高いなど住民から見ると不公平というか、なんだかよく分からないというケースも結構あったりします。三点目はそもそも算定根拠が不明確というものです。本来、使用料・手数料は原価に基づいて算定されますが、なんであの額なのか分からない。よくよく聞いてみると隣の町がその額だったので、このくらいにしたといったような例です。これでは説明責任は果たせません。それから四点目に減免の根拠が不明確というものです。減免というものが蔓延していて、なぜあの団体は減免されているのか、なぜあの割合で減免されているのか、そういうことが不明確なことが多いです。これらは是正していく必要があります。それと比例しますが受益者負担の割合が不明確ということもあります。受益者への負担が不明確にならないようにしなくてはいけません。それから最後は消費税などの税に比例した改正です。消費税が上がれば比例して使用料・手数料も改正が必要なはずです。全体的に、自治体の使用料・手数料の課題はそもそも改定をこれまであまりしてなかったことです。国の社会保険料などは物価スライド制も導入しており、物価に応じて改正されます。そのくらい頻繁に改定を行っているわけです。それに対して、自治体の使用料・手数料は、公共施設を使用する団体の長の要望など、政治的な理由によって、減免などが左右されがちです。これでは安定的な歳入は確保されません。その結果、迷惑を被るのは他ならぬ住民であるということを住民も認識すべきです。

使用料・手数料の基本的な考え方

使用料・手数料の基本的な考え方としては次の七点が考えられます。一点目は原価算定方式による料金算定の明確化です。どうやってこの料金になったか、きちんと算定方法を明確化することです。二点目は行政と受益者の負担割合の明確化です。どのくらい受益者に負担してもらうのかということを明らかにしておくべきです。それから三点目に減免対象範囲の明確化をしなくてはいけません。この点については後ほど詳しく述べます。同様に四点目に適用除外の明確化。適用除外もあると思います。しかし、それを明確化しておく必要があります。五点目に激変緩和措置をとられる場合もあります。決して悪いものではありません。ただ、ずっと激変緩和措置をとるということは不適切だと思います。六点目に消費税の取り扱いや料金の単位、料金の調整というものがあります。最後に定期的に料金を見直していくことが重要となります。先に述べましたようにこれがされていない自治体が実に多いのです。

使用料・手数料の算定方法

使用料・手数料の算定方法についてですが、使用料は原価、コストに受益者負担割合を掛けて、さらに場合によっては利用者区分別負担割合を掛けて算出されるのが代表的な方法です。原価というのは例えば、1時間・1㎡あたりの単価×貸出面積×貸出時間といった具合に計算されます。近年では、ここに減価償却費も加える自治体も多くなってきました。いずれにしましても、適当に算出するものではありません。きちんと算出しているということを職員にも住民にも理解してもらうことが重要です。受益者負担割合についてですが、四つの分野に分類できます。第一分類は、公共的（非市場的）かつ必需的な分野です。庁舎や学校などが該当します。公費で100％負担するのが適切な分野です。第二分類は、民間的（市場的）ですが、必需的な分野です。公立保育園や公営住宅などが該当します。実際に利用する人（受益者）に使用料等を一定負担していただく必要がある分野です。第三分類は、公共的（非市場的）ですが、選択的な分野です。福祉施設やコミュニティ施設などが該当します。第二分類と結果的には同じですが、利用者（受益者）に一定負担していただく分野です。第四分類は、民間的（市場的）かつ選択的分野です。文化施設やスポーツ施設が該当します。こちらは、利用者（受益者）が100％負担することが可能な分野です。

受益者負担割合の他に利用者区分別負担割合が掛けられる場合があります。四点ほど例を挙げますが、一点目に代表的な区分としては年齢に分けて区分する方法があります。大人なのか、高校生なのか、小中学生なのか、幼児なのか、あるいは高齢者なのか、年齢によって差を設ける例です。二点目に、当該自治体の住民なのか、自治体外の住民なのかで区別するということもあります。こうした区分は違法ではありませんが、極めて高い割合を掛けてしまうというのは不適切だとされています。三点目に個人か団体かで、団体の場合は割り引くというものです。四点目に営利的なものなのか、非営利的なものなのかということで区分することがあります。貸館業務などではこのように一定の区分をして、負担いただくことがあります。その割合は公表する必要があります。こうした利用者区分別負担割合は必ずしも設定しなくてはいけないものではありません。後述する減免と利用者区分別負担割合の双方を適用すると、実質的に二重の減免となり、使用料のほとんどが自治体の歳入として収入できていない例が多く見受けられます。利用者区分別負担割合は減免と併せて総合的に考えられるべきものと言えます。

減免の問題

これらを踏まえて原価計算をするわけですが、一番の問題は減免です。減免の代表的な例としましては、障がい者の方ですとか、生活保護の方ですとか、後期高齢者ですとか、社会的弱者、要支援者に対して免除、減額するのが通常です。これらについては誰も異論のないところかと思いますが、悪い例は、次のような例です。

「次にあげる場合は使用料の50～100％を減額することができる」として、それは、「市が活動を支援している公益性のある市民の団体であって、市長が定める以下の団体が利用するとき」とし、結局、地域に存在する団体ほとんどが減免対象というような例です。自治連合会から始まり、自治会、高齢者クラブ、シルバー人材センター、ＰＴＡ、スポーツ少年団……。これは一番やってはいけない例です。

使用料・手数料は最も確実で重要な歳入

本章のまとめですが、使用料・手数料は貴重な歳入です。この感覚が希薄な自治体が多いです。職員の方も住民の方も社会教育団体のような地域に存在する団体等も改めて使用料・手数料によって自治体財政が賄われているという認識を持つべきです。

もちろん不当に高額な徴収は許されませんが、きちんと徴収すべきものは徴収するということが重要です。限りなく減免措置が１００％に近い自治体もあります。そうすると使用料・手数料がほとんどないということになってしまいます。言い換えれば、年間何百万、何千万円の損失ということになります。それは避けないといけないと思います。

それから、使用料・手数料は合理的な算出根拠が必要です。これは好き嫌いで上げたり下げたりするものではなく、合理的なコストに基づき計算されるのが大前提ですし、物価スライドまでは難しいかもしれませんが、時代の情勢に応じて改定することが重要です。

同様に、減免についても明確な基準と運用が肝要です。減免制度はどこの自治体でもありますが、過去の経緯から、行き過ぎている例が多々ありますので、自治体財政が厳しい昨今、それらを適正化していくことは必須です。それには明確な基準をもって、議会や住民に説明していく必要があります。

最後に、使用料・手数料の見直しも行革の一環であり、社会情勢に応じて見直していく不断の努力が必要です。行革というとコストカットに目が行きがちですが、確実に大事な歳入を増やすことが肝要です。もちろん、企業誘致などで税収を増やすことも重要ですが、一番身近で確実に得られる歳入は、使用料・手数料なのです。そのことを忘れないでいただきたいと思います。

第6章　総合計画の策定・進行管理と行政評価

滋賀大学　壬生裕子

はじめに

この章では、総合計画の策定・進行管理と行政評価について、総合計画の策定が必要だということを前提にして、その効果的な策定や、評価の制度をどうやって設計していくかを皆さんと一緒に考えていこうと思います。自治体で総合計画がどのようにつくられているか、評価の仕組みがどのようにつくられているかを、大阪府豊中《とよなか》市の事例を参考に簡単にご紹介した後、総合計画の策定や進行管理に行政評価を活用する上での論点にどんなことがあるかを整理します。

自治体における総合計画の策定状況

地方自治体の総合計画の策定状況については、少し古いですが、平成28年2月末現在の状況に関する調査結果からご紹介していきましょう。日本生産性本部が実施した「市町村総合計画に関するアンケート調査」です。調査対象は全国の813の市区と745の町、回収率が60％です。対象団体がすべて回答した調査ではないことと、村は対象に含まれていないことは頭に置いておいてください。

まず、この調査の中で総合計画、基本構想、基本計画という言葉がどういう意味で使われているかを確認します。総合計画とは、「一般に基本構想、基本計画、実施計画から構成される、政策の分野横断的かつ中長期的な総合的な計画」をいいます。ここでは「総合計画の中で最も抽象度が高く、期間が長い計画」を基本構想。「基本構想よりも具体性が高く、実施計画よりも抽象度が高い計画であって、基本構想よりも期間が短く、実施計画よりも期間が長い計画」ものを基本計画。実施計画は、「総合計画の中で最も具体性が高く、期間の短い計画」ということです。この定義で皆さんの自治体でつくっておられる総合計画のほとんどが、いずれかにあてはまるかと思います。大きなまちでは地域ごとに地区別計画をつくっていたりします。

次に、今、計画期間中の総合計画があるかどうかを確認してみましょう。「ある」と答える団体がほとんどだろうと思っていたのですが、98.3％が「ある」と答え、「ない」と答えたのが16団体、1.7％でした。もう一つの質問、今後策定する予定はあるかという問に関しては、9割ぐらいが「今後も策定する予定である」と答えています。「策定しない」と言っているところが7団体あります。「今後は策定するかどうかわからない」というところが73団体なので、合わせて80団体が策定しないもしくはするかどうかわからないという回答をしているということです。

総合計画については、2011年の地方自治法改正で基本構想の策定義務がなくなったので、このタイミングでもしかしたら策定する自治体が減るのではないかと、当時コンサルをしていた私の周りでも話題になりました。それでもやはり総合計画はつくっていかなければならないものだということを、自治体の皆さんにお伝えしていく必要があるという話をしたことを覚えています。自治法上の根拠がなくなったということもあって、自分たちで条例をつくって、総合計画策定の根拠を持っているという自治体がありま す。「自治基本条例」を根拠にしているところは166団体で18％、「総合計画条例」というのをつくっているところもありますし、「議決すべき事件を定める条例」の中に含めているところもありますし、「その他の条例」というのも6・4%あるようです。ただ、「根拠はない」と答えている自治体も200超ありますので、こういうところは、策定をやめようと思えばやめやすいということになると思います。こう考えると根拠の条例をちゃんと持っておくべきか、議論の余地がありそうだということが分かります。

次は総合計画の有無と、あると答えた自治体が基本構想、基本計画、実施計画、地区別計画のうちどれを持っているかを確認してみましょう。この調査の結果でみると「計画を持っている」と答えた924の団体のうち、「基本構想を持っている」と答えたのが907団体でほぼ100%に近いです。「基本計画」と答えたのが898団体とやや少なくなります。「実施計画」になるともうちょっと少なくなって8割ちょっと。「地区別計画」と答えたのが81団体です。三つセットで持っている団体もあれば、基本計画と実施計画だけ持っている団体もあれば、基本構想と基本計画だけ持っている団体もあるということが分かります。

だんだん進行管理に関する話になっていきます。皆さんの自治体の総合計画の内容や書きぶりなども頭に浮かべながら聞いてください。総合計画に定性的な目標が入っているかどうかについてです。定性的な目標とは「~をめざす」というように、数値ではなく文章で表現された目標を指します。この問に関しては「設定されている」と答えたのが９割で、１割近くは「設定されていない」という回答でした。この定性的な目標が設定されているのは基本構想だと回答した団体が６８６、基本計画だと回答した団体が６６９、実施計画だと答えた団体が１７９となっています。基本計画、基本構想に定性的な目標が設定されていると答えた団体が80％前後ということです。皆さんのまちではどのようになっているでしょうか。

次に数値目標です。今日では計画に数値目標を設定するということがずいぶん一般的になりました。それは後ほどお話しする、評価という手法によって計画の進捗管理をするということの前提となるのですが、ここでは総合計画に数値目標がどれくらい設定されているかということを確認しましょう。「設定されている」と答えたのが75・９％、「設定されていない」と答えているのが22・８％なので、約４分の３の団体が総合計画上で数値目標を設定していることが分かります。皆さんの自治体はどうでしょう。もう少し細かく見ると、数値目標を基本構想で設定していると答えた団体が16・１％、基本計画と答えた団体が87・２％、実施計画と答えた団体が32・８％ということで、基本計画で数値目標が設定されている団体の割合が一番高いことが分かります。

次はそれぞれの計画を評価しているかという問に対して、基本構想があると答えた907のうち、基本構想の評価をしていると答えた団体は169、18・6％となっています。基本計画でみると898の団体があると答えていますが、評価をしていると答えた団体の割合は65・8％。地区別計画は81の団体がつくっており、評価をしているのが24・7％。実施計画はつくっている団体が752ですが、評価をしているのが61・6％です。総合計画の評価は、基本計画や実施計画レベルで実施されている傾向があるということです。私の推測になりますが、具体的な数値目標を基本計画に設定していると回答した団体が多いところと、関係がありそうです。

ここから先はプラスアルファの話になりますが、総合計画をつくったままで放っておかず、その内容の実現に向けてどう動くかということを考えるならば、次の二点を考慮する必要がありそうです。一つめが総合計画と個別計画の目標の関係についてです。目標は定性的な目標、数値目標のどちらでも構わないということですが、総合計画の目標と個別計画の目標がどんな関係になっているかという問に対して、「完全に一致している」と答えた団体は4％でした。「ほぼ一致している」と答えたところが70％近いという結果になっています。「ほぼ一致していない」というのも4・5％あります。さらに

「関係は特に考えていない」というところも10%あるということです。完全に一致させるのはなかなか難しいと思うのですが、総合計画と個別計画との関連性は、事業を具体化し、実施する上では検討すべき重要な点です。

もう一つは、各主体の役割分担についてです。ここでいう各主体とは、住民や企業、NPOやその他の団体、地域のことです。総合計画にそれぞれの主体にどんな役割があって、どんなことを期待したいかということを記載する自治体が増えてきた印象を私は持っていたのですが、どうでしょうか。役割分担についての記載をしているかという問に対して、「設定されている」と答えたのが35・3%でした。ただこの調査結果は単年度のものなので、いつから記載されるようになったかというのは今回の結果だけでは分かりません。ちなみに各主体の役割はどのレベルで記載されているかは、基本構想と回答した団体が27・6%、基本計画が82・5%、実施計画が11・3%です。役割分担についても基本計画で書いているところが多いという結果になっています。

調査結果をまとめるならば、市町は、ほとんどの団体が基本構想や基本計画を策定していることが分かります。その根拠として自治基本条例をつくっている団体もある一方で、根拠のない団体もあることが分かりました。評価との関連、進行管理との関連でいうと、定性的目標を設定している団体は9割程度あり、定量的目標を設定している団体は4分の3ぐらいで、そのうち基本計画で設定している団体が87％と多く、基本計画の評価をしている団体が65％、実施計画は61％ということで、進行管理はこのレベルで実施しているところが多いということです。総合計画と個別計画の目標はほぼ一致している団体が7割近くありました。最後に、各主体の役割分担が記載されているのがおよそ3分の1くらいでした。以上のような特徴がこの調査結果から見えてきましたが、皆さんのまちの総合計画はどのようになっているでしょうか。

総合計画策定の必要性

先ほど、地方自治体における総合計画策定の根拠について触れました。2011年の地方自治法改正で、地方分権との関係で義務づけに関する規定が消された中で、基本構想の策定義務も廃止されています。具体的には、「議会の議決を経てその地域における総合的かつ計画的な行政の運営を図るための基本構想を定め……」という条文がなくなりました。それを受けて、つくるのをやめる団体がもう少し出てくるのかなと思ったのですが、やはり策定を続けている団体が多くあるということが、この調査から分かります。なぜ総合計画をずっとつくり続けているのかは、各自治体に聞かなければ分からないところではあります。私自身は、総計はずっとつくっておくべきだと考えています。それはなぜかと言われると、「総合」で「計画」だから、単純に答えるならそうなります。

もう少し詳しくお話ししましょう。まず「計画」という意味では、今日が不確かというか、社会環境がめまぐるしく変わる状況であるからこそ、今の段階で10年後はどうありたいというようなビジョンをしっかり持っておく必要があるのではないかと考えるからです。それには実はいろんな意味があります。まず一つめは、環境が大きく変わった時に、どう変えるかを考えるもとになる目標が必要だろうということ。それがなければ、比較するものもなく、行き当たりばったりで大切な目標を変えてしまわなければならなくなる懸念があるということです。もう一つは、行政とそれ以外の主体との役割分担をしてまちづくりを一緒に進めていかなければならないことは、皆さんお分かりのことかと思いますが、そのためには、市が将来像をちゃんと持っておかないと、それぞれの主体が目指すべき方向性がバラバラになってしまう恐れがあります。あるまちに新しい工場をつくろうと考えている企業が、まちの長期的なビジョンを見てそれが自分たちの企業の考えと合っているかどうかを確認することがあるかもしれません。あくまで計画段階ではあるけれど、こういう将来を目指しているということを、それぞれの政策分野において誰にでも分かるよう明文化しておくということは、役割分担を進めていく上で非常に大事になってくると考えています。

もう一つ、首長さんがマニフェストを掲げられることが一時期とても流行りました。これと自治体の長期計画のどちらを優先するかということを考えられたことがあると思います。一概にどちらが優先されると言い切れない部分があるのですが、総合計画の期間と長の任期の期間を出来るだけ合わせるように、基本計画4年、基本構想8年にしようかと考えていたところもありました。マニフェストと長期的な計画や目標というのは調整していく必要が出てくるということです。もし自治体が計画を持っていなかったら、首長さんが変われば、大きな方向性がころころ変わってしまう可能性があるということにもなります。必ずしもそれが駄目だと言い切るのも難しいのですが、継続性も考えた上でまちづくりの長期計画とマニフェストを調整するためにも、総合計画を持っておく必要があるのではないかと考えます。総合計画の方が期間も長く、対象とする分野も幅広いので、総合計画の内容を踏まえた上でマニフェストを検討してほしいという声も聞いたことがあります。

次に「総合」についてです。総合計画の地方自治法上の策定義務はなくなりました。皆さんの自治体でつくっている個別計画の中で、法律上策定義務があるものはいくつあるでしょう。個別計画の場合、その限定された分野だけを視野に入れて策定する場合がほとんどだと思いますので、いくつもある個別計画を全庁的に調整していく機会としても総合計画をつくる作業というのは十分活用できるでしょう。加えて、自治体の各部署では、場合によっては個別計画にのっとって、多様な施策に取り組んでいますが、それらの実施において全庁的なバランスを取っていくために総合計画の進行管理に取り組むという視点を持つことも、今後より重要になりそうです。

ただ、総合計画の構成やつくり方などは自治体の実情に合わせるべきだと思います。例えば、どの自治体も基本構想・基本計画・実施計画の3階層をつくらなければならないのか。政令指定都市になると、事業の数も職員の数も多くなりますのでそれぐらいあってもいいかと思いますが、例えば小さな町や村で3階層もつくっていく必要があるかどうか。つくったはいいが管理していくことが本当にできるのかということを考えてもよいのではないでしょうか。策定にどれぐらいお金や時間をかけるか、コンサルを入れる・入れないも含めて自治体の実情に合わせていくことが、これからはより必要になるでしょう。

自治体における行政評価の導入状況

次に、行政評価の現状についてお伝えします。まず導入が進んだのが1990年代後半からです。地方自治法の改正により義務づけがなくなった総合計画と違って、法律でやれと言われているわけではなく、国よりも自治体の方が先行して取り組んだということは、皆さんもご存じの通りです。導入目的は色々ありますが、住民に対する説明責任の確保や住民サービスの向上、職員の能力向上などが挙げられていることが多いです。自治体によって違いはあるとは思いますが、総合計画の体系、基本構想、基本計画、実施計画と対応する形で、政策評価、施策評価、事務事業評価が位置づけられます。例えば、高齢者の福祉や子育て支援といった項目を施策と呼び、もう少し細かい、予算がついているような事業を評価することを事務事業評価と呼ぶことが多いと思います。

行政評価の導入状況はどうなっているでしょうか。以前は総務省が毎年調査を実施していたのですが、一番最近のもの、平成29年6月に公表された「地方公共団体における行政評価の取組状況等に関する調査結果」からいくつか抜粋して紹介します。まず、行政評価の導入状況です。全団体の合計で「既に導入済」と答えたところが6割ほど、「試行中」「検討中」等色々ありますが「検討中(導入時期未定)」が22・8％です。「導入予定がない」と答えているところが6・6％とありますが、理由としては「自治体規模が小さく、体制が取れない」。これはよく言われることです。「評価手法、基準が未確立」といったような理由も挙げられているようです。導入予定なしだけではなく、昔からやっていたがやめたという団体もいくつもあります。4・8％、85の団体がそのように答えています。廃止した理由は、「評価制度の充実に向けた見直し」が最も多く、やめたけれど次を考えていますよという回答をしているところが多いということです。ほかには「所期の目的を達成」「評価の有効性・妥当性に疑問」という回答がされているようです。

次に行政評価を導入している自治体の評価対象についてです。全部の政策と答えたところが71・8％、全部の施策と答えたところが76・7％。公営企業を含む全部の事務事業が30・2％という結果になっています。政策、施策、事務事業それぞれに「一部」と答えた自治体もありますが、その場合、全てを毎年評価するのではなく、一定のサイクルで評価している、課題が多い施策や事業を抽出して実施しているなどが考えられるでしょう。例えば先ほど事務事業で公営企業を含む全部の事務事業を評価していると答えたところが30・2％でしたが、公営企業を含む一部の事務事業と答えたのは31％でした。評価対象の数や自分たちのマンパワーなども考えて評価対象を色々な形で限定させているところもあるということを指摘しておきます。

行政評価の活用方法としては、「当該年度の事業の執行」「定員管理要求、査定」「次年度の重点施策や重点方針」などが挙がっていますが、「総合計画等の進行管理」と答えた団体が75・9％と大きな割合を占めています。行政評価制度が導入され始めた当初は事業の削減に注力する団体も多かったのですが、総合計画の進行管理への活用に代わっているなというのが私の感想です。

行政評価を取り入れてどんな成果があり、どこに課題があるか。成果で一番多かったのが「成果の観点で施策や事業が検討された」。それを目的に導入していると思いますので、ほぼほぼ成果志向というのが広がってきたと前向きに捉えて良さそうな結果になっています。課題の方はというと、これはずっと言われていることですが「評価指標の設定」。総合計画の基本計画レベルに目標の数値を入れるようになったこともあり、どういう指標を立てたらいいのかはずっと悩まれているところです。もう一つは「行政評価に関する事務の効率化」79・5％です。評価シートを書くのが大変で、あまり面倒臭いとみんなコピペをするので評価をしている意味がなくなってくることもあります。このように、指標の設定と事務の効率化は大きな課題です。おそらく導入されている自治体の皆さんは、頷いて下さることと思います。

総務省の調査結果をもとに、今日の自治体における行政評価の現状を簡単にまとめると、導入済がおよそ60％、導入時期未定の検討中が20％。「予定がない」や廃止したところもあります。活用方法として最も多いのが「総合計画等の進行管理」、導入の成果としては「成果の観点で施策や事業は検証できた」が一番多く、大きな課題は「行政評価事務の効率化」と「評価指標の設定」だということです。

大阪府豊中市の総合計画と行政評価制度

ではそろそろ事例に移りたいと思います。ご紹介する大阪府豊中市は２０１２年に中核市になりました。大阪市の北にあり、人口は40万人ほど、予測より人口が増えたまちでもあります。何が有名かというと大阪国際空港、高校野球発祥の地、千里ニュータウンなどでしょうか。ちなみに化石が出た「マチカネワニ」のキャラクターをゆるキャラとして使っています。ちょうど新しい総合計画の計画期間が昨年度から始まり、新しい総合計画の策定に合わせて行政評価制度の見直しを実施したので、事例を紹介する上でタイミング的にも良いのではないかと考え、市の方にも協力を頂きご紹介します。

豊中市の総合計画の策定根拠は自治基本条例です。今期の計画は10年間の基本構想、前期・後期5年ずつの基本計画・実施計画から成っています。基本計画が平成30年度からの10年間、去年からスタートしているということになります。前期基本計画が30年度から5年間、五つの章とリーディングプロジェクトというものを持っています。一つめの柱が「子ども・若者が夢や希望をもてるまちづくり」、二つめが「安全に安心して暮らせるまちづくり」、三つめが「活力ある快適なまちづくり」、四つめが「いきいきと心豊かに暮らせるまちづくり」、五つめが「施策推進に向けた取組み」ということで、ここに行政改革に関することが書かれています。リーディングプロジェクトとは南部地域活性化プロジェクトのことです。市南部に古くからの住宅が多く、道が狭い、人口が減ってきているなど色々な課題があります。この地域を活性化するために、市が取り組む事業のうち、特に重点的かつ総合的に取り組むものを位置づけています。

豊中市の総合計画の体系ですが、先ほどの五つの柱それぞれに三つから五つの施策がぶら下がっています。例えば「子ども・若者が夢や希望をもてるまちづくり」であれば、子育て支援の充実、保育・教育の充実、子ども・若者支援の充実という三つの施策があります。

豊中市の新しい総合計画で、前期の計画と変わったところはどこでしょうか。まず計画期間を、基本構想は20年から10年に、前期基本計画・実施計画は10年から5年にしました。これだけ世の中の流れが変わるスピードが速く、国の政策も変わっていく中で、20年という計画期間はさすがに長いということになりました。かつては長めの基本構想を策定する団体が多かったのですが、最近はそのころと比べて短くなってきていると思います。また、将来人口については前の計画では減ることを予測していたのが、平成17年度以降増加しているので、新しい計画ではそれに合わせた内容に変えています。次に、前の計画では66の施策があって、それを対象として政策評価を実施していたのですが、評価の単位が細かすぎて自己評価も第三者評価もやりにくいという声がありました。施策同士にまたがるような課題を、どうやって個々の評価シートで検討するのかという話にもなっていましたが、今度の計画では17の施策にまとまりました。さらにその下に施策ごとに二つから三つ程度、「施策の方向性」が記載されました。そのほか、市民・事業者の協働についての意識の醸成として、「市民・事業者の主な取組みイメージ」というものも記載しています。施策を掲載する順にも違いがあります。新しい計画では、例えば子育てに関する施策の記述を一番に持ってきました。前の計画の時は人権でした。最後に、先述の南部地域で重点的に取り組むプロジェクトを設定しているということです。

豊中市の行政評価制度のうち「政策評価」は、現行の総合計画の前の後期基本計画の時点から始め、平成24年度から29年度に政策評価委員会で第三者評価をしています。もちろんその前提として、各部局で自己評価をしています。その結果は、現行の計画を策定する際のこれまでの計画の達成状況やそれぞれの分野の課題整理の判断材料として活用されたとのことです。先ほど説明した自治体の状況と異なるのですが、豊中市は総合計画に数値目標を掲載しませんでした。その代わりといっては何ですが、市民意識調査の結果を用いた「○○と思っている人の割合」の現状値を第1章から第4章の施策それぞれに一つずつ載せています。それはなぜかと聞いてみると、指標設定が難しい、しかも5年間もしくは10年間それぞれにずっと縛られていくことは厳しい、個別計画で掲げている指標との調整も難しいので、あえてここには載せずに内部できっちり管理するということでした。なお、豊中市は政策評価を開始した際の後期基本計画でも目標指標は掲載していませんでした。

では、豊中市の行政評価制度はどのようなものでしょうか。「第4次豊中市総合計画前期基本計画　行政評価指針（2019年2月）」をもとに確認していきましょう。目的は、「成果重視の行政運営」「職員間の目的・課題の共有」「説明責任の確保」ということです。評価自体は「政策評価」と「事務事業評価」という2段階で実施しています。政策評価の方は総合計画の施策を評価し、事務事業評価で個別の事務事業を評価します。政策評価の結果については豊中市の総合計画審議会で検証するとなりました。これも補足になりますが、行政評価についても豊中市は自治基本条例の条文の中でやるということを謳っています。

次に、総合計画の施策を評価する「政策評価」に焦点をあててお話しします。豊中市の政策評価は、総合計画で掲げる「まちの将来像」の実現に向けて、政策がどれだけ進んだかの評価を行うものです。目的は、ずばり総合計画の進行管理ということになります。評価対象は前期基本計画の17の施策及びその下に設けられた施策の方向性で、「施策シート」「施策の方向性シート」（図6－1）の2段階で評価シートを作成することになります。自己評価をする人は施策を担当する部局長です。結果をどのように使うかということですが、政策・施策を改善していく上での判断材料とし、次年度以降の施策の方向性に沿った取り組みへつなげるとされています。評価の実施に際しては、しっかりPDCAを回すことを意識しなければならないということになります。

施策シート、施策の方向性シートにはそれぞれどんな施策か、担当はどこかということを記載します。施策シートであれば、その下に、施策の「総合評価」をつける欄が設けられています。「総合評価の理由」欄にはなぜその評価をしたかという判断根拠を書いてもらい、さらにその下に、その施策にぶら下がる施策の方向性についての自己評価結果を書く、という構成になっています。これが17枚できるということです。施策の方向性シートでは、その施策を実施するにあたり大きな役割を担った事業は何かを記載し、施策の方向性の実施状況を示すための指標とその実績値を入力したのち、どんな成果があったか、どんな問題点があったか、今後どうするのかということを文章で書いていきます。一つの施策に方向性が三つぶら下がっていると、三つの施策の方向性シートの結果を踏まえて施策の評価をして下さいということになります。このシートは総合計画審議会の方でも検討しましたし、その答申を受けて市内部でも議論されました。

豊中市の政策評価では自己評価のあと、第三者評価を実施しています。外部評価と呼ばれることもあります。第3次総合計画後期基本計画の際は、総合計画の審議会と政策評価の委員会とが別にあって、計画をつくる時は総合計画の審議会で議論し、政策評価委員会は毎年度第三者評価を実施していました。メンバーはほぼ重複していない形でつくられていたのですが、統合となりました。委員が異なると、政策評価委員会で何年も評価を積み重ねていく中で、総合計画にはこういう記載がないとか、こういう枠組みでつくったほうがいいよねと考えてきたことが、総合計画をつくる段階でなかなかうまくつながらない。評価をしてきたことで得られた知見をより次の総計に生かしやすくしよう、プラス、計画の策定後はそれに沿ってきっちり評価してほしいという市の思いもあるのかなと想像しています。

総合計画審議会では、前期基本計画の17施策と、その下の施策の方向性をすべて評価するのは大変なので、二つの部会に分けて、それぞれ2回ずつ実施する予定です。PDCAがちゃんとまわっているかどうか、今後、何が問題で課題を受けて何をするかを明確にシートに記載できているかを検証するとともに、市民にとって分かりやすいものに

2019年度政策評価（施策の方向性）シート（2018年度実施分）

章		総計掲載頁	
施策名		担当部局	
施策の方向性		関連部局	
		基本政策該当番号	

	事業名	実施内容
影響度の大きかった事業		

	指標名	指標の出典	単位	2022年度目標値	実績値の推移				
					2018年度	2019年度	2020年度	2021年度	2022年度
1									
2									
3									
4									
5									

成果

問題点・今後想定される事項

今後の方針

施策の方向性の進捗状況				
2018年度	2019年度	2020年度	2021年度	2022年度

2019年度政策評価（施策）シート（2018年度実施分）

章		総計掲載頁	
施策名		担当部局	
		関連部局	

総合評価				
2018年度	2019年度	2020年度	2021年度	2022年度

総合評価の理由

施策の方向性の進捗状況					
施策の方向性	2018年度	2019年度	2020年度	2021年度	2022年度

市民の意識	2017年度	2019年度	2021年度

図6-1　豊中市の「施策シート」（左）と「施策の方向性シート」（右）

なっているか、つまり専門的なところと、分かりやすさというところを両極で確認してくださいといわれたので、両方の確認をしていきます。

豊中市の行政評価の特徴でもあるのですが、実施スケジュールは次のとおりです。事業実施年度の2月から翌年度の5月にかけて、事務事業評価と政策評価を実施するというやり方をしています。出納閉鎖後、評価シートを作成しているところも多いかと思うのですが、豊中市では、2月スタートで人事異動前にできるところは書いておき、5月末めどに仮策定をして、それを基に次の予算に向けて事業計画書をつくり、合同ヒアリング・政策会議を受けて次年度の予算編成につなげるということです。評価シートを公表するタイミングは8月末です。第三者評価は、秋から冬にかけて実施しています。その結果を1月ぐらいに意見集として出し、次の年度の評価に反映させるというしくみにしています。どのタイミングで評価を実施・公表してもメリットデメリットあると思いますが、こういうやり方もあるというご紹介でした。

次の特徴は、政策評価の単位が大きいことです。一つの施策がカバーする領域が広ければ、より広い視野で施策を検討していけるし、しなければならない。その一方で、評価の単位を大きくすると、施策の関係部署が増えるので、施策を細かくして一つの部署で完結するようにつくるというやり方もあると思います。私はおおよそ30くらいが適当かと思っていたのですが、先ほどからご紹介しているとおり、17施策となりました。一つの施策がかなり大きくなったので、関係する複数の所管部署での調整をしっかり行っていく必要があります。研修の場や、議論する場をつくることも必要でしょう。政策評価の単位を大きくしたことが評価にどのような影響を与えるかは、もう少し様子をみていかなければならないと私自身は考えています。

もう一つの特徴、とても大事なことは、研修を毎年きちんと実施しているということです。どの自治体もたいてい、評価制度を初めて導入した時は、マニュアルを一生懸命つくったり、大学の先生を呼んだりして研修の機会を持ったりするのですが、３年、５年経つと研修の機会を持つことが減るのではないでしょうか。評価シートを考える担当者が変わってしまうこともあるので、できたら研修は、毎年、場合によっては内容を変えながら続けていくことが大切で、またそのことが評価を進める上での課題につながっていると思います。豊中市は、よく考えておられていて、評価制度が新しく変わったこともあって、マニュアルや記入見本を新しく作成し、活用できるようにされています。今年度の状況も踏まえて来年に向けてマニュアルも更新されて、それが全庁的に共有されれば、よりシート自体も書きやすくなるのではないかと思います。

研修も継続的に実施しておられます。私もずいぶん前に一度、指標設定のワークをさせて頂きましたが、フィールドワークなどの調査を専門としている先生が、アンケートの読み方に関する研修を実施されたこともありました。評価委員会委員の専門性をうまく活用して、研修を開催することも検討してみるとよいでしょう。平成30年度には、政策評価の座学の研修に加え、関係する担当課を集めて施策シートの内容についてグループワークをされました。担当者が自分だけで考えるのではなく、関係者のいろいろな意見を聞きながら評価を考えていく作業を取り入れた結果、新しい気づきを得た方もおられ、なかなか好評だったようです。また、総合計画審議会からは色々な意見が出ますので、所管から各施策の担当者へフィードバックを毎年繰り返すことも、参考となるでしょう。どのあたりまでできるかは自治体によって、とくにマンパワーの問題で難しいかもしれないですが、研修をしっかり実施していくことは、評価を継続していく上で大切だと思います。

総合計画の進行管理を目的とした行政評価制度設計時の論点

最後に、総合計画の進行管理を目的とした場合に、評価制度をどのように設計するかの論点を色々出しておきたいと思います。一つめは、何を評価するか。基本構想の理念になっているものを評価するのか、実施計画に掲載されている事業を評価するのかで、進行管理の意味や制度の詳細が変わってくると思います。豊中市は、「施策」と「施策の方向性」ということでした。

次に、誰が評価するかということです。豊中市の場合は、部局長による自己評価と第三者評価でした。場合によっては、行政改革や企画担当による二次評価を入れたりする場合もあります。以前は事務事業評価の導入に際して、担当による一次評価と行革や企画、財政による二次評価を実施する例も見られました。

どんな評価をするのか。豊中市の施策シートのように総合評価としてＡＢＣをつける、その場合どういう基準でつけるのか。これは、評価結果を何に使いたいかということに関係します。総計の進行管理をするか、予算編成に使うかで、出すべき結論は変わってくると思います。

いつ評価するのか。豊中市は年度末から翌年度5月にかけてという話をしましたが、夏から秋にかけて、予算編成直前までやっているところもあると思います。評価実施のタイミングは評価結果を何に反映させるかとも関係します。

評価制度をつくる時に考えなければならないことは、どのくらいのコストを使えるのかです。それはコンサルへの委託にかかる費用だけではなく、評価の担当部署や実際に評価作業をするのにどの位マンパワーが割けるかということも含みます。みんな忙しいから簡単な制度にしようということではなく、例えば、職員数の少ない町で中核市がやっているように評価を細かくやっていく必要があるかは、考える余地があるでしょう。どれぐらいのマンパワーやお金が使えるかということをあらかじめ想定しておかないと、実際に評価制度を運用する時に苦労するだろうと思います。

次にどうやって評価担当者をフォローするかですが、豊中市のようにマニュアルを作成したり、継続的に研修の機会を設けたりしていることは、とても大切だと思います。このあたりは、それぞれの団体が有するマンパワーも影響してくるので、場合によっては外部の力をうまく使えればよいでしょう。研修は、内部の職員が講師を務めるより、外部の人、大学の先生やコンサルタント、他団体の職員などに少しきつめに言ってもらった方が効果的な場合もあります。逆効果になる場合もあるので、状況に応じて上手に使いましょう。

最後に、既存の仕組み、特に今ある予算編成と、どのように連携させていくかです。この問いに対する答えは山ほどあって、これがベストですと言い切るのは難しいと思っています。なぜ難しいかというと、自治体の置かれている状況、目的、検討する時期によって効果的な方策は異なるからです。どこかでやっているからと自分たちの自治体の状況をよく考えずに表面上だけ真似て、お金をかけずに評価制度を導入しましたといっても、自治体の既存の仕組みとの連携をおろそかにしては、その結果を十分に生かせず、おそらく職員の方の負担感だけ増してよろしくない結果に終わるでしょう。

自治体の職員さんだけで評価制度を設計しようとすると、議論が詰まってしまったり、他の事例を調べるといってもなかなか実態がつかみにくかったりするかもしれません。そういう場合は、実績のある大学の先生やコンサルなどの力を借りるのはありでしょう。そうすることで、より冷静に、客観的な目をもって、より効果的な制度を設計していくことにもつながるかと思います。

この章の要点をまとめると、社会環境の変化が大きいからこそ、いまの自治体の実情にあった総合計画の策定が必要だろうということが一つです。また、行政評価を積み重ねていくことで、今ある総合計画の進行管理ができるだけではなく、次に総合計画をつくる時の参考になる材料を蓄積していくことが可能になります。最後に、行政評価の効果を得ていくためには、庁内の他の仕組みとの連携を含めて、制度設計をしっかりしていく必要があります。欲張り過ぎて何でも評価していると、職員は何をやっているか分からなくなり、機械的にコピペしかしなくなります。できるだけ欲張らず、評価結果を何に使いたいのか、何が目的なのかを常に考えながら、制度を構築し、運用していくことが重要となります。

第7章　指定管理者制度・ＰＦＩの実際

パシフィックコンサルタンツ株式会社　新田博之

はじめに

指定管理者制度やＰＦＩ、いわゆる公民連携といわれる分野で、これを導入し成功させるための重要な要素である、公共と民間事業者がどのような関係を構築していけばよいのかというお話を中心にしていきたいと思います。指定管理者制度やＰＦＩがうまくいっている自治体と、そうではない自治体、色々あるところかと思います。うまくいかないケースもたくさんあると思うのですが、なぜ失敗するのかといった点も後述します。最後に、指定管理者制度やＰＦＩといった公民連携を使いこなしていくためのヒントになるようなお話をしたいと思います。

ＰＰＰ（公民連携）とは

ＰＦＩや指定管理者制度は、ＰＰＰ（公民連携：Public Private Partnership）の一つです。ＰＰＰとは、「公共と民間が連携してお互いの強みを生かすことによって最適な公共サービスの提供を実現し、地域の価値や住民満足度の最大化を図るもの」です。

ＰＰＰは、通常の民間事業と公共事業の間にあるもので、その中にＰＦＩや指定管理者制度、包括的民間委託、公共空間の利活用、いわゆる公有不動産の利活用というのも含まれています。

指定管理者制度とは

指定管理者制度とは、公共施設の管理権限を民間事業者に与えることで、民間事業者に公共施設の管理・運営をしてもらう制度です。指定管理者制度は、契約行為でなく、処分行為（行政処分）というのが特徴です。対象となる施設は「公の施設」に限られます。「公の施設」には、明確な定義はないのですが、利用者に使いたいといわれた時、行政が拒むことができない施設といわれています。例えば、庁舎や学校などは公の施設ではないという考え方になります。

もう一つの特徴は、公共施設の利用料金を、民間事業者が自分の収益にできる、利用料金制を導入できることがあります。

また、あくまで公共施設の管理・運営をやってもらうことが対象であり、工事や物品の調達を指定管理者に行わせることはできません。

指定管理者制度のメリットとして、一つは民間事業者に公共施設を管理・運営してもらい、創意工夫を引き出すことでサービスの向上とコスト削減が期待できます。二つ目は、通常は3年や5年の複数年度で運用されているところが多いと思いますが、単年度委託と比べて民間事業者が業務改善を長期間にかけて図りやすく、雇用の安定性も確保しやすいという、民間事業者にとっても取り組みやすいシステムだといわれています。

一方、デメリットとしては、指定管理者制度は、業務委託の延長と捉えている自治体が多いことかと思います。例えば仕様発注や、利用料金の決定権が事実上存在しないという、民間事業者の創意工夫が働かない仕組みとしてしまうと、結局は民間に無理なコスト削減を強いるだけとなり、結果としてサービスの品質を落としてしまうという例がみられます。

ＰＦＩとは

ＰＦＩは、Private Finance Initiative の略で、端的に言えば民間資金を活用した公共事業です。公共団体自ら公共施設を整備・運営するのではなく、民間事業者の公共サービスを調達するという概念です。滋賀県内でもかなりの件数が実施されており、現在ではそれほど珍しくはない手法です。

ＰＦＩはＰＦＩ法、正確には「民間資金等の活用による公共施設等整備等の促進に関する法律」が平成11年に公布され、導入が始められました。既に20年以上経過しており、それなりに普及は進んでいますが、未だ強くは浸透していない印象を受けています。

従来型の公共事業とＰＦＩの違うところは何かをみてみます。従来型の公共事業は企画から資金調達、設計、建設、維持管理・運営がバラバラで、それぞれ個別の行為を、公共主体が直接できないところを外部発注しているというものになります。一方、ＰＦＩ事業の概念としては、公共主体で公共施設の企画と計画をするものの、その後の設計から運営に至る部分については、資金調達を含め、民間事業者に全てお願いしてしまうというものです。逆に、住民からの利用料金等で全て回収できないものは、民間事業者が提供する公共サービスを公共団体に買っていただくという概念になります。

ＰＦＩのメリットとしては、一つ目は、建設資金を民間事業者が調達してくれるので公共の初期投資が不要となり、財政負担の平準化が期待できます。二つ目は、公共サービスをトータルで捉えることにより、コストダウンやサービスの向上が期待できます。三つ目は、民間のノウハウを発揮した附帯事業の実施のため行政財産を民間事業者に貸付できます。たとえば、公共施設に店舗を一緒につくってほしいという手法も非常に行いやすくなっています。

ＰＦＩのデメリットとしては、単に財政負担の平準化効果のみを目的としているものは、支払いを先送りしているだけで、あまり公共サービスの向上には寄与していないのではないか、という指摘があります。コストダウンしながらサービスの向上が引き出せる事業をすることが重要であると思います。例えば、ＰＦＩ法施行後すぐの頃に各地で庁舎のＰＦＩ導入が進められた時期がありましたが、起債の基準が変わり、庁舎整備において、かなりの部分に起債が充当できるようになりました。庁舎のＰＦＩは平準化効果が最も期待されていたところ、起債条件が緩和されたことにより導入する意義が薄れ、案件数が減っているところがあります。

指定管理者制度もそうですが、導入により公共サービスを向上させていくことが、今後さらに大事になっていくと思います。

失敗する公民連携とその理由

ＰＦＩ法が施行されたのが平成11年、指定管理者制度が始まったのが平成15年の地方自治法改正ですので、制度開始から15年、20年ほど経過しています。数多くの事業があるなかで、なかなかうまくいかない事業も出てきています。何故なのかということをいくつか例を挙げて説明したいと思います。

改めて、ＰＰＰの定義ですが、「公共と民間が連携して、それぞれがお互いの強みを生かすことによって、最適な公共サービスの提供を実現し、地域の価値や住民満足度の最大化を図るもの」です。これを噛み砕いていうと、公共と民間のシーズとニーズがしっかり噛み合って公共サービスが提供されないとうまくいかない、ということです。

もう一つは、ＰＰＰは、民間の力によって費用対効果の最大化を図ることが目的だということです。単にコストを削減するということではなく、サービスを向上しようという発想で導入する事業の方が、うまくいくということです。コストの削減のみを目的として導入した事業ではトラブルが多いような気がしています。

その上でとても大事な概念としては、まず公共と民間は存在目的が違うということです。連携しようといっても、お互いが運命共同体にはなれません。公共としては政策目的を達成することが、一番大事な組織の存在意義だと思います。一方、民間としてはビジネスが成立すること、つまりお金儲けができること、ということが大前提にあるので、そもそもお互いが向いている方向が違います。違う方向を向いている人達が、お互いの目的を共有できるような形でなければ、ＰＰＰによる最適な公共サービスというものは提供できないと思います。

公民連携、ＰＦＩ、指定管理者がうまくいくためには、公共と民間の立場をお互いが理解することが大事だと思います。立場の違いがあるなかで、公共ができること、民間ができることを仕分けて役割分担し、民間が行った方がサービスの向上を図れそうだというポイントを見定めて、そこを民間に思い切って委ねるというのが、さじ加減のポイントになります。

もう一つ、うまく物事を進めるためには公共と民間が適度な距離感を持つということが大事になります。その距離感については、後ほど実例を挙げてご説明させていただきます。

失敗例① ニーズとシーズのアンマッチ

失敗例①はニーズとシーズのアンマッチです。公民相互のコミュニケーションが十分にとれず、考え方が噛み合わないことでうまくいっていないということです。その具体例として三つ挙げたいと思います。

一つ目は、指定管理者制度の場合、庁内共通の導入指針をつくられている公共団体があるのですが、選定基準まで統一化していませんか、ということです。施設が抱える課題が違うのに同じ選定基準を使っていて、個別の課題解決を求めるようなものになっていないときに問題が起こります。例えば、「利用の平等性に関する項目」などはよく見る選定基準ですが、そもそも指定管理者は来る人を拒めないところがあるのに、利用の平等性の提案を求めたところで、特に有効な提案は出てこないのではないかと思います。それよりも、「この施設・事業にはこういう課題があって、これを解決してほしい」ということを選定基準で伝えることが重要です。これがなければ、例えば「我が社は実績が豊富だ」、といった判でついたような提案しか出てこず、差がつけられません。そして、結局は金額の大小で選定してしまうことになり、サービスの向上にはつながらない、ということになります。

二つ目は、公募時点で公共側がニーズを何も示していないのに、契約や指定管理者の指定時に、突然公共側が個別の要望を出して協議が整わないことがあります。公民連携はお互いが同じ方向を向いて信頼関係を構築していくことが重要なのですが、このような信頼関係が損なわれるような話がしばしば起こります。

三つ目は、公共側が公募時に漠然としたニーズしか示さなかったのに、何か問題が発生した場合、「民間活力」や「PPP」だから、と、その課題解決を全て民間に押しつけてしまっている場合です。先ほど述べたように、お互いが強みを持っている中で、全部が全部民間の方がよくできる訳ではありません。公共施設をうまくマネジメントしていく上で、指定管理者制度やPFIがあらゆる問題解決をするための手段ではないということも、ご理解いただきたいと思います。

失敗例②　民間のノウハウ発揮の機会のない事業

次に失敗例②です。先ほど、民間にやらせるべきものは思い切って民間に任せてしまうのがうまくいく方法だとお伝えしましたが、逆に、民間の創意工夫や提案を引き出すような仕組みになっていないだとか、民間の創意工夫が期待できるのに、創意工夫の余地がないと決めつけてしまうということが、失敗例の中にはあります。その具体例として三つ挙げたいと思います。

一つ目は、指定管理者制度でよくあるケースです。例えば、清掃業務について「このフロアで週2回掃除しなさい、トイレは1日1回掃除しなさい」という規定を設けると、民間には何ら工夫の余地がありません。「汚れたら掃除しなさい」とか、「汚れないように管理しなさい」といった、求めるべきサービスの状態や性能を規定することが望ましいといえます。多くの場合、指定管理者の仕様書は旧来の業務委託の仕様書を基に作成されていると思いますが、これでは民間の創意工夫は得られないのではないかと思います。サービスの品質で評価できるようにすることが、民間の創意工夫発揮の面で必要です。

二つ目は、ＰＦＩや指定管理者制度を否定する決まり文句ですが、「民間任せになると、民間に好き放題されてしまう」というものです。それならば、好き放題されると困るところは民間に任せなければ良いだけです。例えば、図書館への指定管者制度導入を否定的に考えている自治体は少なからずあると思いますが、理由の多くに「選書業務」を委ねることへの抵抗感があります。少し前に、某図書館の指定管理者が、選書業務において不適切な本を配本し、問題として大きく取り上げられた事例がありましたが、地域の図書館としての特色づけのために、必要な本を選ぶのは公共の役割として残せばよく、それ以外の部分で民間の創意工夫を期待すればよいのです。指定管理者やＰＦＩは、施設の管理や運営の全てを完全に委ねてしまう必要はないのです。

三つ目は、ＰＦＩ法第６条には、民間事業者が提案を持ち込んでもいいということが明文化されているのですが、これがなかなかうまく機能していません。民間が提案をしたいと思っていても、受け入れ側の公共側に何も体制ができていないということが多いです。組織的な問題や、理解が進んでいないところもあると思いますが、民間に提案の意欲があっても、受け皿がないというのは問題だと思います。

失敗例③　公民間の「不適切な距離感」

失敗例③は先ほど申し上げた距離感の話です。公共と民間が、適切な距離感を保つことができず、物事がうまく進まないということです。その具体例として三つ挙げたいと思います。

一つ目は、年に一回は指定管理者のモニタリングや監査などを、ほとんどの自治体で実施されていると思いますが、それが形骸化していないか、ということです。評価基準もその施設に合っているのか疑問に思われるものもあり、モニタリングも形式的なものになっている。民間事業者が提供しているサービスを正しく評価できてないのではないかということが問題です。

二つ目は、公共がＰＦＩや指定管理者制度を、民間事業者に公共サービスを全て丸投げできるものだと考えている、ということがあります。現在、ＰＦＩ事業は７００～８００件ほどが日本全国で実施されていますが、いくつか破綻した事例があります。破綻事例の中には民間事業者に丸投げしてしまい、公共がほとんど何も関与しなかったことで、民間事業者の経営状況に気づくのが遅れ、破綻に至ってしまったものもあるようです。

三つ目は、逆に距離感が近すぎるがゆえに起こってしまうケースです。公共側が民間事業者となれ合いの関係になってしまい、いつの間にか仕様書や契約書に規定のない特例ができていたり、トラブルが現場で処理されて報告が上がってこないといったことが起こってきます。これは、お互いがそれぞれの役割を勘違いして仲良くなりすぎ、ガバナンスが働かなくなってしまっている状態です。公共、民間はそれぞれ目的が違う主体だと考えると、契約などの関係の中で、一定の緊張感を保つことが必要です。このように公共、民間の距離感が近すぎても、うまくいかなくなる原因の一つになります。

失敗例④　信頼関係を構築できない契約条件

失敗例④は、公民間の信頼関係を構築できない契約条件です。日本の公契約はどうしても民間事業者に片務的になっている部分があります。日本は、公と民の成り立ちが官吏制度からきているところもあって、公と民ではどうしても公の方が強いと思う向きもありますが、公民「連携」するのであればこのような片務的な条件を見直さないといけないと思います。その具体例として三つ挙げたいと思います。

まず、一つ目は、指定管理者の指定にあたって、債務負担行為を設定しないというのがあります。指定管理者の指定は処分行為なので債務負担行為の設定は不要という解釈のようで、総務省の調査によると、日本の自治体のおよそ半数が、指定管理者の指定にあたって債務負担行為を設定していないそうです。ただし、滋賀県内は８割以上の自治体で設定されているようです。

債務負担行為を設定せずに指定管理者制度は運用可能なのですが、例えば２年度目に予算が削減されてしまうと、指定管理者に「悪いけどこれでお願いします」としか言いようがなくて、それを押し付けてしまっている事例が見受けられます。総務省では、平成22年に、指定管理者制度に債務負担行為を設定しなさいという通達を出しています。指定期間中、同じサービスに同じ金額を支払うという約束をしないまま指定管理者を指定してしまっているというのは非常に無責任なやり方で、信頼関係を構築できない理由の一つになっているかと思います。

二つ目は、仕様書に「協議により定める」と条件があるのが、事実上協議の結果はすべて民間が呑み込むという条件になっているところがあります。追加業務の必要が生じたとき、公共側が「悪いけどちょっとやってほしい」ということになって、民間から「お金がかかります」と返したときに公共の言う決め台詞が「予算がない」というものです。程度問題もありますが、こういうことが常態化すると、やはり信頼関係を構築できないと思います。

三つ目は、利用料金制が導入されている施設で、明文化されていない減免ルールが存在しており、しかもそれを指定管理者が全部呑むという条件になっている、というものです。例えば文化ホールを使う団体が、所管課ではない組織や、協議会や団体等から協賛や賛助を受けていると減免されるというケースがそうで、そういう利用者がいきなり「私は減免だ」といって、指定管理者が困ってしまうというものです。このケースでは指定管理者が収益を読みづらく、収支をコントロールできない状況が発生します。このようなケースは古い慣例上仕方がないところもありますが、そうであれば、減免分は公共が指定管理者に補塡してあげるべきです。

公民の距離感を再構築している桑名市の例

ここで、これまでのお話を踏まえた取り組みを行っている自治体を紹介します。三重県桑名《くわな》市は、日本で初めて図書館でPFIを導入した、公民連携に関し先進的な取り組みをされている自治体の一つです。ですが、今年から、なぜかほとんどの公共施設の指定管理者をやめてしまいました。桑名市の職員の方にお話を伺う機会があったのですが、「指定管理者制度自体を否定しているわけではない。だけど、指定管理者制度が導入されてから担当課の職員が自分の施設だということを認識しなくなり、関わりが希薄になってしまった」ということをおっしゃっておられました。

日々の業務が忙しいとか、指定管理者を導入したから職員数が削減されてしまっただとか、理由はそれぞれあると思いますが、自身の所管する施設に対して、きちんと向き合って対応しなくなってしまったということのようで、そこで職員に、これは自分の施設だということを再認識してもらいたいということで一時的に直営化したのだそうです。

これは後退ではなく、とても進んだ考え方ではないか、と思いました。公民の距離感を間違えたがゆえにうまくいっていない事例が多くあるなかで、これを再構築しようという、素晴らしい取り組みだと思います。

民間に任せすぎもよくないですし、任せなさすぎるのもよくないという、適度な距離感を感覚的につかむことは難しいですが、このような思い切った取り組みによって改革する方法もあるのか、と感心しました。

指定管理者制度・PFIを使いこなすには

これまでのお話を踏まえて、指定管理者制度やPFIをもっと進めていくためには、これらの制度を「うまく使って」いくことが大事だと思います。使いこなし方のヒントをお伝えしていければと思います。

公民連携、PPPの目指すものですが、PFI20年、指定管理者制度15年ほどの歴史を振り返ると、これらの制度はある公共施設をスポットで捉えて、効率化や合理化を図ることにより、もっぱら行政コストの削減だけを目的としていたといっても過言ではないのかなと思います。

先ほど申し上げた通り、公共が担う役割、あるいは民間の役割を考えると、これからはコストを下げるというより、価値を高めていき、公共サービスの最適化あるいは向上を図ることが必要なことと考えています。

そのためにはどうすればいいかというと、①余剰空間、遊休資産をどんどん使うこと、②複数の機能を一括で民間に渡してしまうこと、③事業規模拡大によるスケールメリットを生かすこと、④新しい連携の方法を考える等、教科書的ではありますが民間の役割をデザインしてきちんと民間にやってもらうところを考えていただきたいと思います。

ＰＦＩや指定管理者制度を有効に機能させるための、三つのポイントをご紹介します。

ポイント１：導入目的を明確にすること

まず、指定管理者制度やＰＦＩ、公民連携を何のためにやるのかということを、適切に庁内で共有して進めていただく必要があると思います。事業効果を高めるために何を求めているのかをしっかり決めて、それが実現できる事業者を選ぶということです。単純に、民間を入れたらなんとなくうまくいくだろうとか、コスト的に厳しいから民間にやってもらいたいという発想で進められる自治体もありますが、実際、この施設で何をやりたいのかということを考えなければいけません。もし、コストを削減したいということだけであれば別の手段もあるのではないかと思います。

例えば、現在の委託を性能発注型にして維持管理の効率化を図ってみるとか、そもそもコストをかける必要のない事業はやめてしまうのも一つだと思います。コストを削減したいだけで公民連携を導入する時代は終わっていると思います。しっかり、何を求めているのか決めて動くことが大事だということです。

ポイント2：適材適所に用いること

二つ目は、民間の提案を求めると効果が認められるというものに関して公民連携手法を導入しますが、やりすぎは逆効果になるということがあります。

先ほど図書館を例に挙げましたが、公共でなければうまくいかないサービスもあります。例えば、社会福祉的なサービスを完全に民間に預けてしまうと、利益を上げることしか考えなくなり、結果としてサービスレベルは低下します。どのようなサービスを民間に預けるとうまくいくのかをしっかり考える必要があると思います。

また、民間活用といいますが、提案を求めるという部分で、もう少し自由に提案をさせてあげてほしいところがあります。できるだけ、フリーハンドの提案ができるものを導入してあげることも重要です。

ポイント3：公民Win-Winの構築

三つ目は、公民がWin-Winになること。公民連携の教科書によく出てくる話ですが、先ほど申し上げたとおり、公共の目的と民間の目的は最終的には違っています。お互いがそれぞれにメリットが出るようにしてあげないと事業が成立しません。「民間が儲かり過ぎてけしからん」というものがありますが、それは「工夫してコストが削減できたり、サービスが向上したりした上で、民間が儲かったのだからそれでいいじゃないか」という発想になっていただく必要があります。

民間の経済条件を抑制するということであれば、それに対となる動機づけ、インセンティブを一緒にしてあげることが、公民連携の事業をデザインしていくうえで重要になってきます。

事例紹介：都城市立図書館の例

最後に、私が関わった事業の事例について、ご紹介します。

宮崎県の都城《みやこのじょう》市は、芋焼酎「黒霧島《くろきりしま》」で有名な霧島酒造の本社を有し、畜産業が盛んな人口約16万人程度の都市です。

市の中心市街地から少し離れたところに大型ショッピングモールなどができてしまい、中心市街地の百貨店が撤退してしまったことで、中心市街地からどんどん人がいなくなっていました。

そこで、公共主導で中心市街地の再生を図ろうということで、国交省の補助を受けて事業を進めることになりました。百貨店のあった土地を市が取得して、図書館、地域交流センター、まちなか広場、保健センター等からなる複合公共施設を整備しました。一部は、ショッピングモールだった百貨店の分館を建物ごと買い取ってリノベーションしたという、少し変わった事業です。

担当者の悩みごと

事業を進めていくなかで私がご相談を受けたとき、市の担当者は、「施設整備は進んでいるけれど本来の目的である『中心市街地に人を戻す』ということが本当にできるのか、疑問に思っていた」とおっしゃっていました。

集客の目玉として図書館を移転するということがあるけれど、どのような図書館にしていくかという話をほとんどしていなかったそうです。

このままだと旧館と同じにならないか、本来の目的である「中心市街地に人を呼び戻す」施設になっているのかということを不安に思われていたそうです。

この担当者は、「事業の目的は何か」ということを常に頭に意識しておられましたが、具体的にどうやっていいか分からないという状況に陥っていました。

事例をみて「公民連携をやりましょう」という話にはなったけれど、補助事業なので事務手続きがすでに進んでいて、工事発注も決まりかけていたので、資金調達から全て民間に委ねるＰＦＩは導入できません。

また、ただ「ハコをつくればなんとかなるだろう」という発想で公共事業をやるという典型例になっていて、庁内では図書館を含む施設の具体的な運営方針を定めずに進めていたそうで、「工事をやっている間に運営方法を決めればいい」という考え方だったようです。

公民連携の導入方法

そこで、私がした提案としては、一つ目として、コストを落とせるところはなるべく落としたい、という考えをお持ちだったので、六つほどの公共施設が並んでいるなかで、最適な事業の単位はどこなのかを尋ねました。当初は指定管理者を一体的に全体に導入する話だったのですが、図書館以外の施設はある程度、維持管理業務が中心になってくるので、そこはスケールメリットを出しながら、地元企業でも担えるような範囲に一体化していただき、図書館は集客の目玉として、全国規模の事業者も含め、外から運営できる事業者を呼びましょう、という話になりました。図書館の運営業者はそれ以外の公共施設の運営は専門外なので、民間ができるところとしての切り分け方はこれがベストではないかとご提案しました。

もう一つ、単純に指定管理者を入れるだけではあまり運営の効果が出ないと思われるので、どこまでやってあげると図書館の運営業者がやりやすくなるのかということを考えたところ、本の並べ方、書棚の配置・デザインなどは運営のノウハウを出しやすいということでした。そこで、指定管理者になる民間事業者に備品の調達までやってもらうというご提案をしました。ただし、指定管理者には備品調達をさせられないので、契約を分割して、図書館の運営は指定管理者にして、備品調達は別途契約とするという方法を、一本の公募でまとめる形を提案しました。

役割分担の仕方は、都城市は設計と工事を直接実施し、備品の調達は民間にやってもらい、それ以降が指定管理者の業務範囲となります。また、図書館の運営方法として、本を入れる選書業務は都城市の役割として残しました。都城市では図書館の色を決めるのは公共団体だという思いも強く持たれていたので、こういった部分は公共の役割として残したという形です。指定管理者は配架、窓口、リファレンスサービス、イベントというところを業務範囲にして、このような切り分けで公募を行いました。

導入の成果と成功の要因

できあがった図書館は、あまり図書館らしくないデザインになりましたが、地元産の木や、木箱をたくさん並べて、本を配架するスペースにしています。元々ここはマーケットだったということを活かす、というデザイナーの提案が採用されており、かなりデザインされた空間を提案いただきました。

結果としては、運営開始後の初年度に、一年間で110万人が訪れる図書館になりました。旧館は17万人程度だったので、非常に多くの人を呼べたということで、当初の目標を大きく上回る成果が得られました。

この事業がうまくいった理由は、担当課、担当者がきちんと目的を設定されて、その目的を達成するために民間事業者を呼ぶというところから検討がスタートしているということ、柔軟な発注の方法についてご理解いただいたという点です。

事例は単に「うまくいきました」ということだけが示されているものですが、詳しくみると、これまでお話したような内容をうまく克服していきながら、事業をつくり上げている、ということがお分かりいただけるのではないかと思います。

第8章　窓口業務等のアウトソーシングの実際

パーソルテンプスタッフ株式会社　中　西　　淳

はじめに

本章では官公庁におけるアウトソーシング（業務委託）について、お話を進めていきたいと思います。

官公庁におけるアウトソーシングは平成20年1月17日に内閣府公共サービス改革推進室が発出した『市町村の出張所・連絡所等における窓口業務に関する官民競争入札又は民間競争入札等により民間事業者に委託することが可能な業務の範囲等について』、いわゆる『窓口27業務』から始まりました。

その中でも、弊社は住民基本台帳関係（市民課）と国保窓口を中心に受託・運用してきました。最近は平成28年より開始している総務省の『業務改革プロジェクト』、令和元年より開始している『自治体行政スマートプロジェクト』と官公庁がアウトソーシングに出す目的や範囲も大きく変化しています。つまり自治体が抱える課題はここ数年で多様化しており、その解決手段の一つとしてアウトソーシングがあります。本章では様々な事例を示しながらご説明していきます。

受託事業の現状について（事業者視点でのアウトソーシング導入領域）

冒頭に述べましたように、受託事業は『窓口27業務』のみならず、例えば臨時給付金事業、プレミアム付商品券事業などの増税対策のような一時繁忙的なものもあれば、マイナンバー事業など新規事業、幼児無償化などの新制度に伴う事業などアウトソーシングは多様化してきました。極論を言えば、分野的には「業務委託できないものはない」という状況です。もちろん、原則は定型業務で行政判断を伴わないものが原則となっておりますので、議会事務局や契約関連部門、分納や生活保護の相談など不向きな業務もあります。

弊社においては、総合窓口課・市民課・国保年金課・子育て課・介護認定課などの窓口業務はもちろんのこと、給与事務や会計事務、税務関連などの内部事務、介護認定、介護給付、障害認定などの事務、マイナンバー事業や臨時給付金事業、プレミアム付商品券事業、就労支援事業など幅広く受託をしています。また後ほど詳しく説明しますが、複数の部局や課にまたがる業務を一つに集約して効率化を実現する事務集約センター（具体例：神戸市行政事務センター）や業務調査の依頼も多くなっております。

先進的なアウトソーシングの具体例①　神戸市行政事務センター

弊社の受託実績で是非参考にして頂きたい事例として、①神戸市行政事務センター、②河内長野市窓口関連業務等アウトソーシング検討支援業務（調査委託）があります。

神戸市行政事務センターは局や部、課をまたぐ複数の業務を集約した事務センターです。当初は高齢福祉課の敬老優待乗車証新規交付手続、更新等手続、解約・再発行等に伴うチャージ残額清算、こども家庭支援課の子ども・子育て支援制度２号・３号認定申請等手続、子育て支援部事業課の子ども・子育て支援制度１号認定申請等手続、こども青少年課の学童保育関連手続、こども家庭支援課の児童手当現況届受理手続でスタートしましたが、庁内で設置意義が認知され、変更契約で道路部管理課の街灯助成金交付申請事務などが追加となりました。

現在はプロポーザルを経て2期目となっていますが、１００以上の業務を担う大きなセンターとなっています。このセンターに関しては市役所本庁業務や区役所業務がそれぞれあります。これらの業務に関するお問い合わせは、すべて神戸市行政事務センターのコールセンターに入り、区役所や本庁に問い合わせが入らないようにしています。一部業務においてはチャットボットも導入し、24時間問い合わせができるような工夫も弊社提案により実現させています。

また、受託している業務に関しては紙ベースの申請書類も多いのが現状です。そこでAI-OCRを導入し、業務効率化を実現させています。さらに、各種集計業務にはRPAも取り入れています。業務改善にも力を入れています。各種申請書類においては、すべての不備内容を記録し、傾向を分析したうえで書式変更の提案を実施しています。

この事務集約センターの目的は単に集約することではなく、集約による効率化です。この効率化はコスト面や職員の負担軽減両方です。児童手当現況届や学童保育関連手続きのように一時期のみ発生する業務や繁閑の差が大きい業務をアウトソーシングすることで、そのためだけに臨時職員を採用する手間や従事者が毎年入れ替わることによる非効率を解消する目的もあります。

先進的なアウトソーシングの具体例②

河内長野市窓口関連業務等アウトソーシング検討支援業務（調査委託）

大阪府にある河内長野《かわちながの》市の窓口関連業務等アウトソーシング検討支援業務（調査委託）では、総務省モデルプロジェクトで市とコンサル会社が調査の結果アウトソーシング導入の方針を打ち出したことを受けて、アウトソーシングに移行するにあたり具体的にどのように進めていくかのロードマップ作成や業務委託範囲の選定などを実施しました。

業務内容は、①アウトソーシング導入に向けた対象業務の最適化（対象業務の事務フローの整理・アウトソーシング導入後の職員体制案の作成等）、②アウトソーシング導入に向けた支援（効率的なレイアウト案の作成・必要機器や什器一覧の作成）、③アウトソーシング導入にあたってのリスクマネジメント、④アウトソーシング導入計画案の作成、⑤受託者の独自視点による提案が主なものでした。

支援の対象となる業務を所管する課は、①市民窓口課、②税務課、③保険年金課、④介護保険課、⑤子ども子育て課、⑥その他集約可能な業務を所管する課となっており、住民サービスに直結する窓口はすべて対象となりました。納品する成果品は、①改善後の業務フロー詳細、②アウトソーシング後の職員体制案、③アウトソーシング後のレイアウト図、④アウトソーシング導入にあたり必要な設備・機器一覧、⑤リスクマネジメント案、⑥効果検証を踏まえたアウトソーシング導入計画案、⑦受託者の独自提案となりました。

それぞれのタスクに対し、どのような手法で進め、どのような報告書をまとめたのかは弊社独自のノウハウになりますので詳細は割愛させていただきますが、弊社の報告や独自提案をもとに『河内長野市窓口等アウトソーシング業務仕様書』に採用されたものをご紹介します。

河内長野市では、2020年2月に市民総合窓口関連業務、4月に介護保険課窓口関連業務と子ども子育て課窓口関連業務、2021年3月に保険年金課窓口関連業務の受託を開始します。いわば住民サービスに直結する窓口がすべてアウトソーシングされることとなりました。

河内長野市の令和元年11月末現在の人口は男性4万9427人、女性5万5263人、総数10万4690人(世帯数4万7427)となっています。同等規模の大阪府守口《もりぐち》市(約14万人)での総合窓口課・国保課の受託実績での効果検証をもとにワンストップサービスではなく、ツーストップサービスを提案しました。転入など住民異動の際、国保や児童手当などの他課での手続きを同時に案内し、受け付けるのがワンストップサービスですが、これはメリットもありますがデメリットも多くあります。このサービスを受ける住民は複数の課を順番に回って手続きをしなくてもよいという大きなメリットがありますが、例えば転居など長い待ち時間が発生しない手続きも同じ窓口で受け付けてしまうと受付に時間がかかる住民と住民にたまたま挟まれてしまった人は長時間待つことになります。これを避けるためにツーストップサービスを提案、「連携窓口」を設置し通常の住民異動手続き以外の他課業務の受付を集約することとしました。これは弊社側から提案し、採用されたものです。さらに、市民アンケートの実施やフロアマネージャーの配置も盛り込みました。

この市民アンケートは市民の声を聴き、業務改善提案に取り入れるために重要な取り組みであると考えており、今後も推進していきたいと思います。もう一つのフロアマネージャーの設置ですが、単なる案内係としての設置ではありません。市民の中には、二言三言のやり取りで解決される質問をするために来庁される方も数多くいらっしゃいます。また、本人確認書類を持参していないなど受付要件を満たしていない方もいます。そのような方々に対し、無駄な待ち時間が発生しないよう市民満足度向上のための取り組みとしても重要な役割を果たすと考えています。

今回、独自提案の目玉となったのは先ほどの「連携窓口」設置によるツーストップサービスの提供と遺族が必要となる手続きのサポートを行う「遺族サポート窓口（おくやみ案内ブース）」の設置です。この「おくやみコーナー」は新たなニーズとして最近少しずつ増えてきています。弊社は神戸市において「おくやみ案内ツール作成委託」を受託し、現在は市内全区役所に案内するスタッフを配置しており、そのノウハウを活用しての提案となりました。それ以外にも大阪広域水道企業団の総務業務センターや大阪府摂津《せっつ》市の総務事務センターも是非参考にしていただきたい受託事例です。

アウトソーシングと行革

前節まで、具体的に受託事例を挙げて説明してきましたが、アウトソーシングは少し前までのように職員がやっていたことをそのまま受託事業者が業務を処理していくという、いわゆる業務処理代行ということではなく、コストメリットやベテラン職員各人のノウハウに頼るのではなく、業務を平準化すること、その平準化をしたうえで業務改善による効率化、ＡＩ-ＯＣＲやＲＰＡ・チャットボットなどによるＩＴ化などを組み合わせて様々な効果を出すことが求められています。

そのためには、行革部門が様々な視点で調査し、仕様書を作成するか、もしくは我々のような運用を理解している事業者に調査委託を出すことが有効であると考えています。単に現在の状況を可視化するための調査ではなく、「業務の最適化」と「組織の最適化」の両軸で現状を可視化し、業務改善の新視点を盛り込んだフローを作成し、時には機構改革も含んだ提案をさせていただく、つまりコンサルティングも行っています。

ここで誤解していただきたくないのは、アウトソーシングすることが様々な課題を解決する手段であるとは我々アウトソーサーも思っていません。働き方改革や会計任用職員制度導入により、正規職員は減っていく中で幼児無償化などの新事業は開始される、臨時福祉給付金やプレミアム付き商品券など一時的に繁忙となる事業が期間限定で実施されるなど異なる課題が山積です。それぞれの問題解決のために、それが機構改革なのか、アウトソーシングの活用なのか、臨時職員の採用で対応するのか、ＲＰＡなどＩＴを活用するのかなど幅広い選択肢の中で「業務の最適化」と「組織の最適化」の両軸で考え、結論を出すことが重要と考えます。

アウトソーシングにおけるリスクマネジメント

先ほどの受託実績事例を説明する中で「アウトソーシングにおけるリスクマネジメント案作成」というのがありました。もう少し詳しく説明させていただきます。アウトソーシングにおけるリスクはいくつかありますが、中でも一番のリスクは「偽装請負」です。実際に東京都足立区《あだち》などが偽装請負で摘発され、アウトソーシングを中止して市職員による直営に戻したケースもあります。偽装請負となるケースを発注者・受託者双方が同じ認識をもつことが重要となります。

派遣とアウトソーシングでの大きな違いは指揮命令を誰がするかです。業務を遂行する従事者が同じパーソルテンプスタッフのスタッフであったとしても派遣の場合は市の職員が、アウトソーシングの場合はパーソルテンプスタッフの管理者が行います。アウトソーシングの場合、市の職員が指揮命令することは法律で禁止されています。これは職員の負担軽減などというものではなく、法律で禁止されています。市民が住民票を取得に来たケースを例に挙げて説明します。

1　受付（受託事業者）　＊本人確認や請求権限を満たしているかの確認含む。

2　発行（受託事業者）

3　審査（発注者）

4　交付（受託事業者）

このように発注した業務をすべて丸ごと受託事業者にて完結することはできません。住民票を発行するためにルール化・定型化できる部分は受託事業者にて対応できますが、請求書をもとに正しい住民票が発行されているかの審査・認証業務は市職員にしかできません。仮にこの審査で不備が発覚した場合には受託事業者に対し、瑕疵《かし》があるため差し戻しをすることとなります。この差し戻しで偽装請負とみなされるケースがあります。してもよいのは「瑕疵があるために納品物を返品すること」であって、「この部分が間違っているのでここをこのように修正してください」と修正の指示をしてはいけません。修正の指示は指揮命令にあたります。どのような方法で返品するのか等は受託事業者と発注者がルール決めを行い、その業務に関わる全ての関係者が理解する必要があります。

自治体から、よくあるお尋ねに、「受託事業者と発注者の境界線にパーテションを置いて区切ったらＯＫなんですよね？」というのがあります。結論から申しますと、してもしなくてもどちらでもよいです。したほうが望ましいレベルです。ただし、執務スペース内で発注者専用エリア、受託事業者専用エリア、共有エリアを明確にし、動線も含めて明確にしてレイアウトに記載しておく必要があります。

先ほどの修正指示と合わせて問題になるのが「疑義照会」です。疑義照会とは、レアなケースや想定されていなかったケースが発生した際に職員と対応方法について協議することを意味します。そしてこの疑義照会で今後の対応方法についても協議し、ルール決めをしておく必要があります。疑義照会はすべての関係者誰でもしてもよいのではなく、あらかじめ疑義照会をできる権限を付与する者を任命し、双方で確認しておく必要があります。受託事業者の場合、チームリーダー以上の管理者がこの役割を担います。あとは例えば統合端末（CS端末）のように民間事業者に使わせてはいけないと通達が出ているような業務に関しても注意が必要です。

「疑義照会」と「エスカレーション」を区別して考える必要もあります。「疑義照会」は先ほど説明しましたので、ここでは「エスカレーション」について説明します。「エスカレーション」は当初の業務分担において職員で対応するという事例が発生した際に対応依頼をすることです。例えば、DVで加害者から避難している場合や施設児童、刑務所に入っている人など行政判断を伴う場合は、職員に対応依頼をします。この事例を見てもお分かりのとおり、委託すると決めた範囲の業務でも事例によっては職員が対応すべき業務もありますので、アウトソーシングを導入する前の準備が大変重要です。

おわりに

いくつか例を挙げて官公庁におけるアウトソーシングの事例や導入するにあたって留意すべき点について説明してきました。繰り返しになりますが、かつてのように「職員が今までやっていたことをそのまま同じ人数で委託に出す」というアウトソーシングは減っています。

アウトソーシングは組織が抱える課題を解決する手段の一つです。「業務の最適化」と「組織の最適化」を同時に実現するためにはそもそもの仕組みやフローを大きく変える必要が出てきます。

組織の変更も出てきます。市民の利便性を向上させるためには、市民が手続きをするために市役所に足を運ぶことや電話で問い合わせをすること自体をなくしていくことが重要です。今までのような来庁してもらうことが前提のフローは見直しが必要です。それは電子申請なのか、マイナポータルを活用した申請なのか、郵送申請なのかなどの視点も必要ですし、過渡期として従来の仕組みを活用するとしても、人がそのまま作業するのではなく、ＡＩ-ＯＣＲやＲＰＡを活用することも重要です。

官公庁独自のノウハウと民間事業者のノウハウに市民が求めているものを加味し、本当の意味での「市民サービスの向上」を実現するために今後も官民が協力して行政サービスを進めていきたいものです。

第9章　ＲＰＡを活用した業務効率化について

株式会社ケーケーシー情報システム　苅谷　忍

はじめに

行政経営改革における業務棚卸しを実施するにあたり、ＲＰＡの活用方法を中心にお話していきたいと思います。ＲＰＡが注目されている背景、特徴、自治体の導入事例からＲＰＡを活用して何が解決できるか、行政経営改革の一環としてＲＰＡが貢献できることを述べていきたいと思います。

ＲＰＡとは

なぜこのＲＰＡが注目されたかと言いますと、政府により２０１６年度に働き方改革が推進されたことに遡ります。しかし、２０１６年度の労働時間が１６８・７時間に対し、２０１７年度は１６８･5時間と、１年間で労働時間の短縮が12分しか、働き方改革の効果が出ませんでした。

そこで、労働人口の減少や人材確保といった課題を、ＲＰＡであれば解決できるのではないかと考えられ、停滞していた働き方改革の即効薬としてＲＰＡが注目されることになりました。

ＲＰＡはRobotic Process Automation の略になります。直訳するとロボットによる業務プロセスの自動化です。ロボットといいますと工場などで利用されている人型のロボットをイメージされると思いますが、ＲＰＡは人型のような実体はなくソフトウェア・ロボットになります。

ＲＰＡの概要

ＲＰＡをもう少し分かりやすく言いますと、人がパソコンで行うマウスやキーボードの操作をソフトウェア・ロボットに覚えさせることで、煩雑な操作、定例的な繰り返しの業務で大量データを扱うようなパソコン操作を自動化することができるツールです。

従来、パソコン操作は人の判断が必要となることから、工場のロボットのように自動化は不向きと考えられてきましたが、判断を必要としない繰り返し行う定型業務に関してはパソコン操作でも自動化を実現することが可能と考えられ、ＲＰＡツールが構築されました。

このＲＰＡを活用することにより、パソコンにおける繰り返し作業をソフトウェア・ロボットに任せ、人をパソコン作業から解放することができます。今までパソコン作業に携わっていた時間を、人ならではの創造的な作業へとシフトすることが可能になります。

自治体における創造的な作業と言いますと、政策の企画立案、調査・研究、指導・助言といった作業がありますが、これらの作業に費やす時間を創出することにより、生産性を高めていくことが期待されています。

ロボット化に移行することは、決して人を削減するといったネガティブな対応と捉えるのではなく、創造的な時間を創出することがＲＰＡを取り入れる大きな目的と言えます。

ＲＰＡの副次的効果

また、ＲＰＡは自動的にパソコン操作を行ってくれるだけでなく、人が作業を行った場合に比べて、副次的な効果が四つあります。

一つ目に「品質」です。見落としがなく、人の操作に比べはるかに正確です。

二つ目に「速さ」です。疲れ等による休憩や集中力低下が発生しないため、一定の速さを維持し、処理し続けることができます。

三つ目に「稼働性」です。特定の時間帯しか働くことができない人に比べ、24時間365日稼働し続けることができます。

四つ目に「継続性」です。人のように異動や離職の影響はなく、作業を覚え直すなどの引継ぎ作業は必要ありません。

以上のように、作業の自動化だけでなく、人と比べ優秀な要素がＲＰＡにはあります。

ＲＰＡブームの変遷

ＲＰＡの登場でこれまで「人にしかできない」とされてきた作業は、ロボットによる代行が可能になりました。これを受けて最初に反応したのがヨーロッパです。

２０１５年にヨーロッパ、それに続き２０１６年に北米と、欧米諸国を筆頭に政府レベルでのＲＰＡ導入が進んでいきます。日本ではＲＰＡ元年と呼ばれた２０１７年を機にＲＰＡが到来し、今日に至っています。

ＲＰＡ普及の要因

普及の要因は三つあります。

一つ目に、中国、インドなどの賃金高騰によるＢＰＯ（注１）が不採算であること。

二つ目に、実績を積んだ欧米のＲＰＡベンダー（注２）が、日本市場に注目し始め、日本法人を立ち上げたこと。

三つ目に、政府が働き方改革と関連する業務効率化にＲＰＡを活用するよう補助金等で後押しがあったこと。

以上のことが関連して、日本にもＲＰＡブームが押し寄せてきました。

普及の要因の二つ目に挙げている日本市場が注目されることとして、日本の労働生産性が低いことがあります。日本の労働生産性はＯＤＥＣ（経済協力開発機構）の加盟国35カ国のうち21位と低く、Ｇ７（主要先進7カ国）の中では最下位となっています。

労働生産性が低い要因として、少子高齢化に伴う労働人口の減少、長時間労働などの慣習、属人的な業務プロセスの定着があります。これらは働き方改革を推進していくことで大きく改善の余地があるとも言えます。

RPA導入の変遷

日本においては、2015年では数十団体の金融業、情報通信業などを中心にRPAの導入が進められ、2017年には業種を問わず数千団体を超えるまでRPA市場は拡大していきます。

RPA導入は大企業を中心としたものでしたが、最近の傾向として中堅、中小企業においても導入が進められています。

自治体におきましても、2017年度に実証実験（PoC）（注3）により効果を測定することで、導入検討が開始されました。先進的な自治体として茨城県つくば市、熊本県宇城《うき》市があげられます。2018年度以降は様々な自治体で推進され、民間同様にRPAブームとなっています。

最近の導入傾向としましては、RPAツールは日本製だけでなく、海外ベンダーの参画の影響もあり、ツールの選択肢は多岐に渡るものとなり、比較検討が進められていま す。機能面に大差はなく、導入時のサポート、導入後に発生する運用面のサポートがよ り重要視される傾向となっています。

RPAの特徴

ＲＰＡには大きく三つの特徴があります。

一つ目がノン・プログラムでロボット作成が可能である点です。録画機能や、あらかじめ用意された操作のパーツを活用することにより、プログラムを知らなくても作成可能な簡単なツールとなっています。従来のシステムと違い、私どものようなシステムベンダーに必ずしも依存することはなく、現場担当者でも簡単に自動化のルールを作成できる点が特徴になっています。またＲＰＡは、操作性を一つずつコマンド化（注４）していますので、操作性を可視化しつつ業務フローを作成しながら自動化を進めていくようなイメージになり、業務の可視化にも繋がることも特徴の一つと言えます。

二つ目がソフトウェア、アプリを問わず自動化が可能である点です。パソコン操作の自動化と言えば、マイクロソフトの Excel マクロをイメージされるかと思います。ＲＰ

AとExcelマクロの違いは、ExcelマクロはExcel内での自動化に限定されますが、RPAはExcelだけに限定せず、パソコンで動作するソフトウェア、アプリであれば何でも自動化できる対象になります。パッケージシステムから個別開発されたスクラッチシステム（注5）まで、ソフトウェア、アプリを横断的に自動化の対象にすることが可能です。

三つ目に、スモールスタートが可能である点です。パソコン1台あればすぐにでもRPAを導入することができるため、システム導入に係るサーバー構築費などの初期費用が不要であり、低コストでの導入が可能です。また、今までシステム化するまでもなかったような小さな業務においても、自動化の対象として検討する余地があり、システム化の範囲が広がります。

パソコン操作例

RPAはパソコン操作を自動化するツールですが、自動化可能な操作は規則性があれば人の操作は基本的に対応可能です。

可能な操作例としては、マウス、キーボード操作を利用した「システム起動」、「ログイン操作」、「ボタンクリック」、「リスト選択」、「入力項目への設定」、「コピー＆ペースト」など様々な操作があります。

また、人ならではの感覚的な要素である「画面上の変化」、「一定時間の待機」など目視確認が必要となる捕捉の対応、特定条件での事務手順に対応できる「条件による処理の分岐」、「条件を満たすまで繰り返す」、「条件に合致するデータを検索」などがＲＰＡでは対応可能となっています。

ただし、規則性のない操作、例えば、処理する度にスクロールの位置が異なる、不特定の明細に複数のチェックを付けるなど、目視かつ人の確認、判断が必要となる操作についてはＲＰＡでは対応できません。予め操作手順をルール化し、業務の標準化に対応したうえで不規則な操作が発生しないよう現状フローを見直しすることを踏まえれば、ＲＰＡ導入の障壁を減らすことができます。

ＲＰＡの業務適用例

ＲＰＡがどのような業務に向いているのかを業務適用例として四つご紹介します。

一つ目は「ファイルからのデータ入力業務」です。ＲＰＡが最も得意としている業務になります。一つのファイルのデータを入力と複数ファイルを順次読み込んで入力、いずれも対応可能です。入力元となるファイルはExcelに限定せず、電子ファイルであれば様々なデータがシステムへの入力として利用することが可能です。注意する点としまして、ファイルの読込みは電子ファイルでなければ対応できませんので、紙文書などは予めデータ化されていることが前提となります。

二つ目は「システムからのデータ取得業務」です。一つ目とは逆の業務となりますが、システムへアクセスし特定データの出力や加工、データ出力を利用したOffice製品の差込印刷への活用、特定のWeb情報からのデータ取得などに利用することが可能です。

三つ目は「他のソリューションとの連携」です。一つ目の「ファイルからデータ入力」で述べましたとおり、入力データをRPAで活用するためにはデータ化されている必要があります。しかし、自治体ではデータの入力業務として紙文書を利用した運用が主流です。そこで今大きく関心を持たれているのが、AI‐OCRと呼ばれるものです。従来の活字向けのOCR（データの読み込み）とは違い、手書きの字体もAI（人工知能）による学習能力機能により精度の高い読み込み、及びデータ化が可能です。AI‐OCRと組み合わせてRPAを適用するとより業務効率化が強みを増していくこととなります。

四つ目は「業務の一連の流れを自動化」です。特定のシステムだけを利用したインプット、アウトプット処理のみでＲＰＡを利用するのではなく、様々なアプリケーション、システムを組み合わせて業務を分断させることなく一連で業務の自動化に活用することも可能です。特定のシステムから出力したデータと、Ｗｅｂサイトで取得した情報を組み合わせ加工し、成果物を作成するといった流れの自動化も実現可能です。

ＲＰＡの適用具体例

業務適用例の一つ目として紹介した「ファイルからのデータ入力業務」の具体例です。具体例として受領した注文書を受注管理システムへデータ投入するものです。注文書ファイルにはお客様情報（お客様名、住所、電話番号）と注文情報（商品コード、数量）が記載されており、その情報を元に受注管理システムを起動し、データ入力を順次行うものです。人がデータを確認しながら入力処理を行うと注文書ファイル1件に対し約1分かかるところ、ＲＰＡに代行させると約10秒で完了します。注文書ファイルが多数あるほど業務効率は格段に向上します。

次に、業務適用例の二つ目として紹介した「システムからのデータ取得業務」の具体例です。具体例として申請された交通費申請書の交通費に誤りがないかを確認者がWebサイトを利用し確認するものです。確認ではWebサイト（Yahoo! 路線情報）の検索結果を参考に申請書の妥当性を確認し、申請金額の欄外にWebサイトの情報を取得した内容を転記し、申請書を確認すれば目視で誤りを検知できる状態にします。10経路分の申請書であれば人がWebサイトを検索し転記すると1経路当たり1分、合計10分が作業時間ですが、RPAに代行させる合計1分の作業時間で完了します。

最後に、業務適用例の四つ目として紹介した「業務の一連の流れを自動化」の具体例です。具体例として、工事管理システムから工事対象一覧表（Excel）を出力し、工事対象一覧表に記載されている住所情報を元にWebサイト（Google マップ）から地図情報を取得しペイントアプリを利用し画像情報を編集し、工事指示書（Word）へ貼り付けし、工事一覧表から工事指示書を生成するものです。パソコン内で動作する複数のシステム、アプリ（工事管理システム、Excel、Google マップ、ペイントアプリ、Word）を活用し、一連の流れを自動化させることが可能です。

自治体での導入事例

弊社が京都府木津川《きづかわ》市の実証実験に携わった際の導入事例についてご紹介していきたいと思います。実証実験では3業務を対象にRPAおよびAI-OCRの導入効果の測定を行い、3業務トータルの年間削減時間は372時間という結果が出ています。3業務のうち効果があった業務、効果がなかった業務がありましたので、何が原因でそのような結果になったのかをお話していきたいと思います。

導入事例紹介①「児童手当現況届認定業務」

導入事例の一つ目の業務は「児童手当現況届認定業務」です。

業務概要は、各世帯から児童手当の現況届申請を毎年7月頃に紙文書で受け付け、申請内容を確認し9月までにシステムへ認定登録する年次業務で、新規申請受付ではなく前年度からの継続申請が現況届認定業務の対象になります。木津川市では年間約6700件の現況届申請を受け付けていますが、例年の傾向から約5000件は前年度と申請内容は変更がありません。ただし申請内容に変更がない場合でもシステム画面に未認定から認定済に変更する操作が必要となります。従来、認定作業として所得認定の申告状況を別システムで確認し、確認内容を現況届に手書きで追記され、その内容をシステムに設定していました。

実証実験で現状の業務手順を見直したのは、以下の二点です。

一つ目は、約６７００件を前年度から変更あり、なし関わらず申請された順にシステムへの登録処理を行っていましたが、事前に前年度からの変更あり、なしを仕分けし、変更なし分だけをＲＰＡの処理対象にし、変更あり分は従来通り人によるシステム入力を行います。

二つ目は、現況届に手書きで追記していた内容をチェック項目欄として設け、人で判断していた項目を可視化しました。その項目をＡＩ-ＯＣＲの読み込み項目の扱いにし、自動でシステムへ登録可能な項目にしています。

業務手順を見直し、ＲＰＡとＡＩ-ＯＣＲの導入による人に係る作業時間は、導入前の年間作業時間６７３時間に対し、導入後の年間作業時間４６２時間となり、年間削減時間は２１１時間となりました。結果として削減効果が出ていますが削減の割合は決して大きくなかった要因は、想定よりもＡＩ-ＯＣＲの作業時間がかかったことです。申請書の電子ファイル化、電子ファイルのＡＩ-ＯＣＲへの読込、データ変換といった作業工程で時間がかかり、削減効果はRPAのシステム登録部分で限定となっています。AI-OCRの作業工程に関しては不慣れな部分もあり、慣れや効率化によりまだまだ改善の余地がありますので、実証実験に留まらず、本運用でも自動化の導入が検討されています。

導入事例紹介②「放課後児童クラブ延長料金入力業務」

導入事例の二つ目の業務は「放課後児童クラブ延長料金入力業務」です。

業務概要は、市内の児童クラブ（13団体）からクラブ加入者の延長利用明細を電子ファイル（Excel）で毎月受け取り、明細内容を確認しシステムへ延長料金を入力する月次業務です。児童クラブ加入者は約600名がおり、対象の児童クラブを選択し、クラブに加入している児童を入力画面に一覧表示し、延長利用明細の電子ファイルを確認しながらシステムへ延長料金を入力します。

実証実験で現状の業務手順を見直したのは、以下の三点です。

一つ目は、児童ごとにシート分けされた日割り計算シートを元に延長料金を確認しシステムへ入力されていましたが、集計シートを設けて児童ごとのシートとリンクすることで、集計シートのみ確認すればシステムへの登録ができるよう改善し、ＲＰＡのインプットファイルとして活用しました。

二つ目は、入力する画面を一覧形式の画面から、個別入力の画面に変更しました。人が入力する場合は一覧から対象者を見つけ入力することに差支えないのですが、ＲＰＡでは一覧から対象者を見つけるよりも検索して1件ごとに対象者を抽出したうえで入力させることで自動化を実現しました。ＲＰＡの入力方法は人が実施すると従来の一覧形式画面からの入力に比べると時間がかかりますが、入力作業をＲＰＡに任せて人は入力作業に携わらずに別の作業を実施できる典型的な見直しになるかと思います。

三つ目は、チェック作業をシステム入力前と入力後にそれぞれ延長利用明細を電子ファイルと照合されていましたが、先の一つ目の見直しでの集計シートの設定による延長料金の正確性と、ＲＰＡによる入力品質向上から、システム入力前のチェック作業を省略しています。

業務手順を見直し、ＲＰＡ導入による人に係る作業時間は、導入前の年間作業時間１５０時間に対し、導入後の年間作業時間4時間となり、年間削減時間は１４６時間となりました。結果として削減効果が大きくなった要因は、元々の業務手順から電子ファァイルを活用した運用で、ＲＰＡ導入で大部分の作業工程が自動化対象になったことが挙げられます。月次業務であり削減効果からもすぐに自動化の本運用が検討されています。

導入事例紹介③「年末調整申告書等入力業務」

導入事例の三つ目の業務は「年末調整申告書等入力業務」です。

業務概要は、市の職員、臨時職員から年末調整に係る申告書（保険料控除、住宅借入金控除、前職の源泉徴収票）を12月までに受け取り、申告書の内容を反映した給与システムへの取込用ファイル（Excel）を準備する年次業務です。申告書の提出者は約１５００名がおり、申告書内容を確認し修正加筆を行いながら給与システムへの取込ファイルに申告内容を該当項目欄へ入力します。

実証実験で現状の業務手順を見直したのは、次の点です。

これまでは、担当課にて申告書の内容を確認し修正加筆がある場合は見え消し線にて対応していましたが、申告の項目欄とは別に欄外に取込ファイルの項目を設定しました。修正加筆がある場合は欄外の項目に入力することによりＡＩ-ＯＣＲの読取精度向上を考慮しました。

業務手順を見直し、ＲＰＡとＡＩ-ＯＣＲの導入による人に係る作業時間は、導入前の年間作業時間２６２時間に対し、導入後の年間作業時間２４７時間となり、年間削減時間は15時間となりました。結果として削減効果は殆ど生まれませんでしたが、その要因は、ＲＰＡの適用箇所が申告書のＯＣＲ化したデータから取込用ファイルへの転記部分だけになったことです。作業工程として、申告書のチェック作業がこの業務の大半を占めており、申告書が紙であることも要因でチェック部分の作業効率化に繋げることができませんでした。この業務については、ＲＰＡを利用した業務改善でなく年末調整のシステム化など視野を変えて別の手段で試みることが良いかと思います。

導入事例のまとめ

３業務の導入事例をご紹介しましたが、どのような業務でもＲＰＡによる自動化は効果を発揮するものではありません。劇的な効果を発揮できる業務もあり、全く効果を発揮しない業務もありますので、ＲＰＡは業務改善における一手段と考えて頂きたいと思います。

ＲＰＡの導入について

最後に、ＲＰＡ導入のステップについて述べたいと思います。

導入に関しては大きく四つのステップで進めていくことになります。

まず一つ目のステップとして、組織内の主要な業務について棚卸しを行うことです。業務の棚卸しをするにあたり、ＲＰＡで何ができるのかという点について事前に周知しておくと業務の棚卸しがスムーズに進めることができると思います。

二つ目のステップとして、業務ごとの工程図（フロー図）を作成し作業の可視化を行うことです。作業の可視化を行うことで無駄の発見、複雑な条件の簡易化に繋がります。前任者からの引継ぎで作業の意味合いが分かっていないが止めるのが怖いので続けている、特殊条件でしか発生しない作業を全てに対して実施しているなど、作業の標準化、属人化の排除を実施することで業務フローの見直しも視野に自動化移行をスムーズに進めていけます。

三つ目のステップとして、工程ごとにロボットの適用可否の判断を行うことです。全ての作業工程をＲＰＡに移行するとＲＰＡが複雑なものとなり、ＲＰＡを誰もが修正できるものとならず、管理が煩雑になります。またＲＰＡの向き、不向きを確認し、ＲＰ

Aに合致する工程のみ適用していくことで、より効果を発揮することができます。

最後のステップとして、サンプルロボットを作成し、効果検証を行うことです。部分的にでもロボットを作成し、想定した動きをRPAは実行できるのかを確認し検証します。ロボットで作成してみたが時間がかかる場合などはRPAに拘らず、Excelマクロ、システムの導入など別手段の方が効率的な場合がありますので、業務に合わせた最適なツールを選択することが業務改善に重要と言えます。

これらのステップを念頭に、RPAの導入を視野に入れ、業務改善に繋げて頂ければと思います。

注1　BPO……ビジネス・プロセス・アウトソーシングは、企業運営上の業務やビジネスプロセスを専門企業に外部委託すること。
注2　ベンダー……製造元、販売供給元のこと。コンピュータ、ソフトウェア、ネットワーク機器などのIT関連製品の販売業界で多く使われる。
注3　PoC……プルーフオブコンセプトは新しい概念や理論、原理などが実現可能であることを示すための簡易な試行。
注4　コマンド化……ITの分野で、人間からコンピュータへ、あるいは機器間、ソフトウェア間などで交わされる、実行すべき処理の指示や依頼のこと。
注5　スクラッチシステム……既存のパッケージを利用せずに、独自のシステムを開発すること。

第10章　地方自治体におけるMedia PlatformとＡＩの活用

ピーディーシー株式会社　飯 久 保 啓 太

デジタルサイネージの現状

デジタルサイネージという言葉は既に浸透していますが、デジタルサイネージという言葉がない時代の２００１年から取り組んでいる弊社としては、ポスターがデジタル化することを見込んで、これからの広告はポスター（紙媒体）からディスプレイになっていくということで本事業に取り組んでまいりました。

デジタルサイネージの市場は２０１８年には１６５９億円（富士キメラ総研調べ）の規模となり、２０２５年には３１８６億円規模まで拡大する見通しとなっております。

事業を始めた当初は広告媒体のデジタル化として商業施設や駅などに広がっていきましたが、現在は広告媒体以外にも案内表示、施設運営のサイン、空間演出、緊急避難情報、大型映像によるパブリックビューイングなど多岐に渡る分野で活用されるようになってきました。それにより商業施設だけではなく空港、飲食店、球場、オフィスビルやマンションなどあらゆる建物でデジタルサイネージが活用されるようになりました。

地方自治体におけるデジタルサイネージ

地方自治体も地域の情報発信や案内、誘導を目的として導入されるケースも増えてきており、特にインバウンド対応の為に多言語化された情報提供が必要となり需要が拡大してきています。

また、２０２０年のオリンピックに向けてのインバウンド対応が急務となり、関東ではあらゆる施設で多言語対応化されたデジタルサイネージの需要が急激に伸びてきています。関東圏以外の地方自治体においてもデジタルサイネージの導入に積極的に取り組むようになってきました。

駅周辺やバス停、観光案内所、道の駅などに多言語対応化された情報が必要となり、デジタルサイネージの導入が増加しています。

関西では２０２５年の万博に向けた多言語対応の案内表示や観光系Ｗｅｂサイトなど

の整備が進められています。

永平寺町におけるＡＩ案内の導入における経緯と背景

２０１８年3月に福井県の永平寺町《えいへいじ》から、「永平寺門前付近に観光案内所を8月に建てるが、観光案内のスタッフの採用が進まず困っている」というご相談を受けました。

永平寺は曹洞《そうとう》宗の総本山ということもあり、「禅に興味のある訪日外国人に多言語で対応できる人材を募集していたが一向に集まらない」ということでした。多言語対応の人材は都市部でも確保するには困難であるため、永平寺町での多言語対応の観光案内員の人材確保は困難であることは容易に想像が出来ました。

そこで弊社が商業施設への新サービスの一環として提供していた発話型ＡＩ施設案内を展示会でデモンストレーションをしていたところ、永平寺町商工観光課の方がご覧になり、このシステムの採用を強く要望頂き導入に至りました。

導入したＡＩ案内と人流分析

永平寺に導入しましたＡＩ案内はアニメキャラクターが発話し、観光名所や移動手段などを発話とテキスト、地図や写真などを表示し、案内する仕組みとなっています。

対応言語は日本語・英語・中国語（簡体語、繁体語）の四つの言語に対応しています。必要な情報はＱＲコードを提示しスマートフォンで情報を持ち帰り、じっくりと検索することができる仕組みです。

また、観光案内所は定期的に利用者数や利用概要についての報告を観光庁に提出を行うことが必要なため、ＡＩの画像認識システムにより人流・属性分析も可能となり観光案内所に訪れた人の人数や性別、滞留時間が時間別、日別、週別にデータが取れる仕組みとなっています。

10-1　永平寺の AI 案内

情報設計とコンテンツ作成における重要性

多くの自治体及び観光系の情報は非常に多く、多言語化されているＷｅｂサイトやタッチパネル案内も多く存在しますが、欲しい情報がすぐに取り出せずに、何度もクリックやタッチをしても、欲しい情報になかなかたどり着けないことが多くあります。

また、Ｗｅｂサイトやアプリ、パンフレットやアナログ案内の地図などが複数存在し、Ｗｅｂサイトとパンフレットの地図が異なったり、情報に統一性や規則性がないことにより、迷ったり混乱を引き起こしやすいことが多々あります。

それは制作したタイミングや関連部署などが情報の統一性や規則性は意識せずに制作したことが要因です。

タッチパネルやＡＩ案内は出来るだけ早く欲しい情報を取り出せるような工夫と、かつ、不要な情報は極力削除し、必要な情報の精査が大変重要です。

そのことによりタッチパネルやＡＩ案内の一人当たりの使用時間（占有時間）を短くし、多くの方に使って頂く事が重要となります。

ＡＩ案内の現状と課題

弊社は、ＡＩ案内として商業施設には複数の実績がありましたので、人しかできないサービスとＡＩでも出来るサービスは、認識しておりました。ＡＩ案内は複数人を同時に対応することが出来ないため、繁忙期や顧客が多い場合の対応が出来ないという課題があります。また、設置環境において機器の機能的な問題や運用における負荷が非常に大きいなど多くの課題があります。

今回、無人観光案内所に導入したのは日本で初めてということもあり、音声認識や使い方、回答率、言語による回答内容、正確性などネイティブの方が聞くと違和感を覚える内容など課題が山積みでした。特に英語や中国語の翻訳精度の問題やAI案内のシナリオ内容が本当にインバウンドの利用者に分かりやすい内容となっているか、音声入力の際のマイクボタンの位置や押すタイミング、音声の切れ目検出などの機能を使い方における工夫も積み重ねました。

その後、画面構成の工夫や設定の変更など試行錯誤を繰り返し、回答率は向上してまいりました。その結果、導入当初は約70％の回答率が1年半で90％以上の回答率となりました。

運用の大切さ

今回導入したAI案内は導入する前よりも導入後の方が、シナリオ修正やコンテンツの追加などの作業量が多く大変でした。我々の扱っているデジタルサイネージは初期導入よりも運営に力を入れており、コンテンツやシナリオ修正など改善と改良を積み重ね、サービスを構築しております。導入がゴールではなくスタートとなります。

設置個所やコンテンツの内容、どの情報が一番検索されているかなどのタッチログを分析し、コンテンツの内容の修正や不要な情報の削除などを積み重ねて、より使いやすく、分かりやすい案内を心がけています。

今後の展開

ＡＩサイネージや人流分析などはツールでしかなく、街の魅力や見どころを紹介することは出来ても、つくることは出来ません。観光プラットフォームの構築により各町や村、地域などそれぞれに運用していたＷｅｂサイトやアプリ等を連携し、誘導や案内をより便利に使いやすい環境提供が出来るようにしてまいりたいと思います。

縦割りの運営や情報が繋がり、内部の連携だけではなく県や市町村間の連携が強化され、使う側も運用する側も、より便利に豊かになる仕組みを構築するために日々励んでまいりたいと考えております。

注1　Media Platform……情報伝達を媒介する手段を統合的に集めたサービスの造語

第11章　地域の改革と中間支援（コミュニティ支援）

滋賀大学　横山幸司

なぜ、地域の改革が必要なのか

第1章で述べたように、行政経営改革は役所内だけの改革ではありません。地域の改革も併せて行われて初めて完結するのです。

なぜ、地域の改革が必要なのか。私は大きく四つの理由があると考えます。まず一つ目に、「不適切な歳入歳出は自治体経営の損失」だからです。第4章、第5章でも見てきましたように、歳出の多くの割合を占める補助金の支出先の多くは地域住民ならびに団体です。歳入も然りです。公共施設の使用料における減免措置の対象は地域の住民や団体です。地域に対する補助金等が不祥事はもとより、非効率的、非効果的に支出されているとしたら、それは自治体経営にとって損失です。言い換えれば、無駄な税金が流れていることになります。ですから、補助金であれば、その交付先の団体が適切な使い方をしているかどうかまでもチェックしていく必要があります。もしその団体のガバナンスが適正でなければ、それを是正してはじめて行革といえるのです。補助金は交付したらお終いではないのです。

二つ目に、「都市内分権の名のもとに地域は疲弊」していることが挙げられます。これも第1章で述べましたように、地域は人口減少、超高齢社会を迎え、疲弊しています。一番問題なのは、担い手も財源も不足しているのに、高度経済成長期（人口増大期）につくられた組織・制度がそのまま存続していることです。むしろ、都市内分権のもとに地域の負担は増大している例も見受けられます。行政からの依頼は増えるばかりという自治会長さんらの嘆き節も聞こえてきます。特に、まちづくり協議会等の地域自治組織に一括交付金を交付して、コミュニティセンター等公共施設の管理まで、指定管理者制度を使って、地域に丸投げしているような自治体も数多く見受けられますが、間違った行革、民間活力の導入と言えます。自治会でさえ、維持することが難しくなってきている時代に、さらに公共施設の管理運営まで地域自治組織が担えるでしょうか。自治体はそろそろ現実を踏まえた地域自治組織のあり方を考えるべきです。さらにそうした丸投げ感の強い自治体ほど、真に地域自治・市民自治を促進する施策や地域の人材を育成する施策を行っていません。つまり、中間支援が不足しているのです。ここにも改革が必要です。この処方箋については後ほど詳述したいと思います。

三つ目に、「既存組織の制度疲労」が挙げられます。これも第1章で触れましたが、全国で既存組織の不祥事が相次いでいます。この1年間に私がニュースで目にしただけでも、自治会役員、ＰＴＡ役員等の着服・横領、虚偽報告、団体担当の行政職員による着服・横領、自治会新会員に対する村八分、消防団への加入、出不足金の強制、民生委員の強制天引きによる視察と称した旅行などがありました。また不祥事とまではいかなくても、広報誌配布など行政から自治会への過度な負担増、ＰＴＡからの寄付金をあてにした学校の裏予算化、社会教育団体等への補助金の既得権益化、過度な減免措置などが多くの自治体や地域で問題となっています。これらの問題の本質は、戦後につくられた組織が現代の課題に対応できておらず、機能不全に陥っていることにあります。既存の組織や事業を現代の需要に合わせて統合再編あるいは再構築し、少ない担い手と財源を地域課題の何に充てるのか、そのために必要な組織・事業は何かを真剣に検討する時期に来ているのではないでしょうか。

四つ目に、「行政からの適切な指導・助言、中間支援の欠如」が挙げられます。先に中間支援の不足について述べましたが、行政職員の中には、地域自治組織や社会教育団体には介入してはいけないと思いこんでいる職員が少なくありません。しかし、それは戦前・戦中のように強制してはいけないというだけで、これらの団体が治外法権でいいということではありません。このことについてはまた後ほど詳述します。

また、中間支援を行ってはいるが、補助金のバラマキになっていたり、NPO支援だけで地縁組織は対象としていなかったり、ワークショップばかりしているがその結果改善されたためしがないなど、問題のある中間支援の例も多く見受けられます。中間支援組織についても誤解があります、中間支援組織は各自治体に設置されることが望ましいと思いますが、何も「市民活動センター」等立派な建物をつくることではありません。大切なのはその機能です。さらに言えば、中間支援組織を設置する以前に、行政としてやるべきことをやっていないこともたくさんあります。先にも述べましたように補助金の交付の先までをチェックしたり、随時監査を実施したり、自治会の再編案を示すことなどは中間支援組織がなくても出来ることです。

以上が地域を改革しなければならない理由の主なものでした。地域ガバナンスが適切でなければ、効率的・効果的な施策を実施することはできず、最悪の場合、民主主義が滞ることになります。そうしたことのないように、行政経営改革は地域を含めて改革を行っていく必要があるのです。

我が国のコミュニティ政策の歴史

それでは、ここからは具体的にまちづくり協議会や町内会（自治会）等の地域自治組織を代表例に地域の改革について述べていきたいと思います。

その前に、我が国のコミュニティ政策の歴史について、簡単に触れておきます。町内会の出現は、１８８９年明治政府による「市制町村制法」施行に遡ります。近代的な市町村が制定されたことにより、それ以前の地域単位は「自然村」となり、これが町内会の前身とされます。しかし、その後、昭和の時代になり、戦時の全体主義に組み込まれ、１９４０年「万民翼賛」の観点から町内会も「部落会・町内会」に統一されます。さらに、１９４３年の「市制町村制法」改正で町内会が法的に位置づけられました。この法的位置づけは決して良い意味ではなかったわけです。そして、このことが戦後、町内会やコミュニティ政策そのものを法制化できずに今日に至る大きな原因となっています。

やがて終戦を迎えますが、町内会が全体主義に大きな役割を果たすことを危険視した占領軍は、1947年に町内会を禁止します。この政策は1952年まで続きます。しかし、やはり、純粋な意味で、町内会等の地域自治組織は必要だったのでしょう。その後、高度経済成長期と比例して、町内会は復活し、準行政的な役割を担いながら発展していったのです。広報誌の配布などの役割はこの頃に確立されていきました。

しかし、1970年代になると、高度経済成長や都市化に伴い、伝統的な地域共同体に陰りが見え始めます。そのことを危惧した当時の自治省が、1971年に「コミュニティ（近隣社会）に関する対策要綱」を発表し、全国で83地区をモデル・コミュニティ地区に選定し、新しいコミュニティ施策を試みますが、根本的なコミュニティの改革にはつながりませんでした。1980年代、1990年代にも同様に自治省は3次にわたって伝統的な地域自治組織に代わるコミュニティ施策を試みますが、いずれも大きな成果には至りませんでした。

そうこうしているうちに2000年代になり、地方分権の流れの中で平成の市町村合併が行われます。それと並行して、多分に市町村合併の緩和策としての意味あいも強かったわけですが、2004年に地方自治法の改正により「地域自治区・地域協議会制度」が創設されます。当該制度はコミュニティ政策史上、初めて行政と住民の協働の場として位置づけられるなど画期的なものでしたが、一方で、NPM（ニュー・パブリック・マネジメント）の流れにより、2003年に同じく地方自治法改正による指定管理者制度が施行されると、地域協議会をモデルにした各自治体の条例に基づくまちづくり協議会等の地域自治組織と指定管理者制度が結びつき、各地でまちづくり協議会等に指定管理者制度を導入するという自治体が相次ぐことになるのです。しかし、このスタイルが現在は地域の負担になってきている面があることは先に述べたとおりです。

まちづくり協議会とは

住民はもとより、行政職員でさえ、まちづくり協議会（名称は自治振興会など自治体によって様々です）と町内会（自治会）の区別さえ、よく分かっていないことが多いため、この分野での改革を難しくしている面があります。

そこで、まちづくり協議会とは何かを整理しておきます。まちづくり協議会の原型になったのは先に述べましたように地方自治法上の地域協議会です。地域協議会とは、平成16年の地方自治法改正により地域自治区制度と共に創設されたものです。住民自治の充実の観点から、区を設け、住民の意見をとりまとめる地域協議会と住民に身近な事務を処理する事務所を置くものとされています。権能としては、条例で定める地域自治区の区域に係る重要事項等について市町村長が意見聴取する先であり、市町村長等に対する意見具申権を持ちます。その長は、地域自治区の区域内に住所を有する者のうちから、市町村の長が選任し、多様な意見が適切に反映されるものとなるよう配慮しなければなりません。このように、地域協議会は、そもそも町内会とは別次元の市民議会に近い組織であり、まちづくり協議会もそれが本旨です。

もちろん、各自治体が条例に基づいて設置しているまちづくり協議会は地方自治法上の地域協議会とは別物だと反論される自治体もあるかもしれませんが、だからといって、まちづくり協議会をあたかも町内会の代行機関のように運営している自治体は、まちづくり協議会と町内会の違いを何と説明するのでしょうか。厳しく言えば、まちづくり協議会と町内会制度がほとんど混同、濫用されているように見えます。

以下に、まちづくり協議会を巡る諸課題をまとめますと、①町内会とまちづくり協議会の意義が理解されず、役割分担が明確でない。②その結果、組織や事業が重複、双方の長が対立、あるいは1人が兼任して独裁的な運営が見られたりする。③町内会の代行であったり、イベント組織になっていたりする。住民にとっては、屋上屋を重ねているだけのように感じる。④そこに指定管理者制度を導入したがために、さらに行政の丸投げ感、住民の負担感が増大している。比例して交付金の膨張という問題も起きている。などが挙げられます。

町内会とは

続いて今度は町内会（自治会）とは何かを整理しておきましょう。

まず法的位置づけですが、町内会は、一般的には、法人格はない任意の地縁組織です。しかし、実体に伴い、「権利能力なき社団」として民事訴訟法第46条の当事者能力があると解釈されています。町内会の多くが法人格を持ちませんが、法人格がある場合があります。それは、地方自治法第262条の2に「地縁による団体」の規定によるものです。これは、保有資産の登記に必要な範囲で法人格が付与されるものです。なぜ、町内会の法的根拠が少ないのかと言えば、前述しましたように戦時体制の反動です。しかし、実体は極めて公共的な団体であり、単なる任意団体ではありません。近年は、各自治体の「自治基本条例」や「まちづくり条例」の中に位置付けられる例も増えています。

そして、その原則としては、過去の最高裁判決などから、主に以下のように解釈されています。①町内会は、法律で決められた加入を強制される組織ではなく、住民の自主的な意志でつくられる任意団体である。②特定の宗派に加担する町内会・自治会の宗教活動は排除される。③町内会は、会員の政治信条にかかわる人権保障のために、特定政党からの独立・自由が確立されなければならない。

あくまで、町内会への加入は任意であり、特定の政治や宗教のために使われることがあってはいけません。いまだに、町内会に近い地域から立候補した自治体議会議員を町内会あげて応援したり、町内会費と同時に地域の神社の氏子代を請求したりしている町内会がありますが、これらの活動は町内会の活動とは区別されなければなりません。

これらを含めて町内会を巡る誤解としては主に次の二点が挙げられます。一つ目に町内会は任意団体とはいえ、行政不介入であるというのは間違いです。行政から補助金等が交付され、条例等に位置付けられているなど、極めて公共的な団体であり、行政は適切な運営がなされているか指導・助言する責任があります。二つ目に、同様に、町内会は治外法権ではありません。行政へ虚偽の報告をすれば公文書偽造であり、町内会費等を流用したり、使い込んだりすれば、業務上横領の罪に問われます。なぜか、町内会の報告やお金になるとそんなに大したことではないと思っている住民が少なくありませんが、総会の記録や会計は厳格に管理する必要があります。

前述のまちづくり協議会と同様に今日、全国の町内会が多くの課題を抱えています。その主なものを挙げますと次のとおりです。①加入率の低下…住民が加入するメリットを感じない、逆に負担感を感じる。若い人や女性の意見が反映されないといった声もよく聞かれます。②少子高齢化による担い手不足…事業・組織が多すぎて担い手がいない。ボランティア活動も限界にきています。③役員の多選…担い手不足から役員が固定化し、さらにそれが非民主的な運営につながったりしています。④財政的問題…一部の役員によって予算が決定されたり、交付金等の使途が不透明だったりします。また、自主財源不足や会費の固定化、特定の事業だけに予算が配分されるなどの予算の偏在も見られます。

町内会はこれらの諸課題を解決していかないと、今後、ますます、加入率は低下し、運営が立ち行かなくなることでしょう。最悪の場合、不祥事の温床となります。

それでは、このような地域に対してどのような支援を行っていけば良いのでしょうか。次節以降で述べていきたいと思います。

間違いだらけの中間支援（コミュニティ支援）

自治体によってはすでに、市民活動センターなどを設置して、中間支援（以下、「コミュニティ支援」という）を行っている例が少なくありません。しかし、私から見ると問題のあるコミュニティ支援が多く見受けられます。よく見られる例として、大きくは三点が挙げられます。

一つ目は、「コミュニティへの理解」の問題です。コミュニティとは何かを行政職員が理解せずに事業を行っている例です。そもそも、コミュニティには2種類あります。一つは「地域型（地縁型）コミュニティ」であり、町内会やまちづくり協議会などが該当します。もう一つは、「目的型（テーマ型）コミュニティ」と呼ばれるもので、NPO法人や任意の市民活動団体などが該当します。ところが、自治体のコミュニティ支援施策を見ると、NPO支援や協働に関する補助金等のみとなっていて、「地域型（地縁型）コミュニティ」への支援は行っていない例が少なくありません。行政内部でも、自治、協働、NPO政策の違いが明確化されておらず、混同が見られます。その顕著な例が「自治基本条例」です。自治の基本を規定する条例のはずが、中身は、協働条例であったりします。ひどい場合は名前も「まちづくり条例」だったり、ただの理念条例だと主張している自治体もあります。これでは、いったい何のためにつくられた条例かも分かりません。

まずは、行政職員が前述の町内会とまちづくり協議会の違いを認識しなければいけないのと同様に、コミュニティとは何か、何を支援するのかをはっきりと定義しないといけません。これらの定義や対象をはっきりさせなければ具体的な支援策も打てないからです。

二つ目は、「財政支援・人的支援」の問題です。コミュニティ支援には大きく2種類あります。一番多いのは補助金等の財政支援です。しかし、たいていの自治体が、自治体内のNPO等に一通り交付したあとは何をしたらいいのか分からず、行き詰っているのが現状です。また、補助金等がなくても活動できるような大きなNPO等に資金が行き、本当に光を当てるべき小さな事業や団体に資金が行き届いていないといった例も多く見受けられます。

人的支援の代表例は、「地域担当職員制度」です。折角のこの制度も、行政職員が単なる地域の御用聞きや、事務局の代行をしている例が少なくありません。これらの財政支援や人的支援は本当の支援とは言えません。コミュニティ支援の本来の目標は、住民の自主的な活動が持続可能な事業になるための事業化への支援や団体が自立して運営できるようになるための団体育成です。その詳しい内容は後述します。

三つ目は、「中間支援組織」の問題です。これまでに述べてきましたように、そもそも、「市民活動センター」などの中間支援組織は、NPO支援中心の中間支援組織が多く、地域型コミュニティへの支援が行われていないか、極めて脆弱なことが多いです。その原因の一つには、これまで述べてきたように、地域自治へは行政不介入のように勘違いしている行政職員が多いからです。また、二つ目で述べましたように、支援策も補助金による財政支援策が多く、本当に必要な事業化や団体育成のための支援が弱いといえます。

行政も中間支援組織にコミュニティ支援を丸投げするのではなく、行政として行うべき書類や会計のチェック、町内会の再編案の提案など、なすべきことをしつつ、しかし、行政が直接言うと角が立つようなことも中間支援組織をうまく活用しながら、地域自治に積極的に関わっていくことが重要です。

中間支援（コミュニティ支援）の手順

コミュニティ支援の手順は、行革の手順と比例します。「①地域診断」→「②事業や組織のスクラップ&ビルド」→「③適切なコミュニティ支援」→「④適切なモニタリング」という流れになります。

それぞれの段階を詳しく説明していきましょう。はじめに、「地域診断」です。全国各地で「地域診断」や「地域カルテ」の先行例がありますが、まちの良いところ、課題は何かといった程度のものが多く、それに比例してワークショップを行っている自治体もありますが、本当の「地域診断」はもっと深いところまで地域の実態を把握していくことです。

人口減少や高齢化の割合など、統計数字に出てくる事柄はもとより、あまり表に出てこない実態をきちんと把握することが重要です。例えば、引きこもり、交通弱者等要支援者の状況はどうか？　町内会等は適切な運営がなされているか？　当該地域が一番困っていることは何か？　などです。この実態把握が正確になされなければ、的確なコミュニティ支援も出来ません。ゆえに、この最初の「地域診断」は極めて重要です。行革で言うならば、最初の「業務の棚卸し」にあたります。

地域診断の方法にはいくつかの方法があります。実際に現地に赴いて行う実地調査や関係者から聴取するヒアリング調査、さらにはアンケート調査もその一つです。住民に対して調査票を配布して回収する方法ですが、無記名で行うと、住民の本音が出やすいなどの利点があります。

参考事例として、滋賀県近江八幡市《おうみはちまん》の安土《あづち》学区が2018年8月～9月にかけて実施した「安土学区・まちづくり意識調査」をご紹介しておきます。この調査は学区の16歳以上の住民全員（N＝6466）を対象に実施されたもので非常に良いアンケート調査であったと思います。まず、「調査項目」としては、「この地域に住み続けたいと思うか」、「地域への愛着の有無」、「住民がこれから力をいれていくべきだと考えていること」、「暮らしの中の不安や困りごと、手伝えること」、「女性、若者の声を反映させる必要性」、「地域活動の印象、参加、関心」など、通常の住民意識調査では見かけないような項目が目につきます。

そして、「アンケート結果」では、「住み続けたいと思っている人は約4割」、「地域への愛着があると答えた人は約6割」、「災害時の避難や備えは全世代共通に課題と認識されている」、「特に高齢者になればなるほど日常生活に関する困りごとが多い」、「困りごとに対して手伝えると答えた人が約１０００人」、「地域活動に参加していない＝関心がない訳ではない」、「不要な取り組みもあるので見直すべきだと思っている人の割合が高い」など、非常に興味深い住民意識が浮き彫りになりました。

おざなりのアンケート調査を実施するのではなく、本当に地域の実態、住民の意識を浮かび上がらせる調査項目を設定することが重要です。

二番目は、「事業や組織のスクラップ&ビルド」です。地域の担い手が不足し、参加率も低下・形骸化しているような組織や事業はスクラップし、地域の負担を軽減していくことが重要です。組織の例では、例えば、子ども関連で言えば、子ども会、青少年育成市民会議、まちづくり協議会の教育部会等類似の活動を行っている組織の統廃合などです。事業の例では、地区ごとの盆踊り大会や運動会など、参加率も低下しているような事業の廃止です。何もしないことがいいと言っているのではありません。地域の負担になっているような組織や事業はスリム化したうえで、本当に必要な組織や事業を再構築することが大事です。

三番目に、「適切な中間支援」です。地域自治組織に対して、適切な規約の作成や会計処理に関する研修の実施など基本的なフォローはもちろんですが、これからは特に

「事業化の促進」と「人材育成」が重要と考えます。それぞれについて詳しく述べていきます。

はじめに、「事業化の促進」です。ボランティア精神による住民活動には限界がありますので、ワンコインでもいいので受益者負担を頂くなど持続可能な事業化を進める必要があります。その際に公民連携も検討すべきです。コミュニティ・ビジネス（ソーシャル・ビジネス）と言うとハードルが高くなりますから、地域課題を解決するための住民活動の事業化と考えた方が分かりやすいと思います。公民連携の参考例としては、自治体によっては生活協同組合さんと連携して、高齢者の見守りや介護用品の配布などで協働している例があります。

同時に「人材育成」も重要となってきます。事業化のためのスキルやノウハウを学ぶ学習機会が必要だからです。現実に地域を担う住民への研修機会が必要です。既存の市民大学等ではそういう講座がほとんど見当たりません。そこで、最近では、地方創生の交付金を活用して、人材育成講座を行っている自治体も見られます。私が運営に関わった近江八幡市「未来づくりキャンパス・地域資源活用塾」はその良い例ですので、ご紹介しておきます。

「未来づくりキャンパス・地域資源活用塾」は、「企業やNPO、行政といった所属を越えて、市民と学生が共に創造的・実践的に学ぶための人材育成プログラム」として、「特定のテーマについての事業計画の策定を通して、単なる学びの場にとどまらず、実践へと進化させられる地域リーダーや社会起業家を育成する」ことを目的に、２０１６〜２０１８年の３年間にわたって開講され、延べ15グループ、57人の卒業生を輩出しました。グループのテーマは、高齢者や子ども達の居場所づくり、見守り、貧困対策、困りごとサポート、交通弱者対策、空き家対策、農作放棄地対策、環境問題、地域活性化など、全国で見られる地域課題はほとんど取り上げられていたと言っても過言ではありません。

日本の生涯学習・社会教育は、学校教育の補完もしくは趣味・教養が中心ですが、今後は、こうした地域課題解決のための人材育成にもっと力を注ぐべきと考えます。

最後に「適切なモニタリング」です。行革と同じく地域の改革も、一度見直せば終わりではありません。常に不断の見直しがなされていく必要があります。そのためには、中間支援組織を設置することが望ましいです。中間支援組織とは、何も立派な「市民活動センター」等をつくることではありません。中間支援を行う機能、体制さえ整備されていれば良いのです。体制の例としては、専門的かつ合理的・客観的な指摘ができる第三者による構成が望ましいです。例えば、弁護士（司法書士）、公認会計士（税理士）、社会保険労務士、金融機関、NPO専門家、大学教員などです。事務局の職員を除いて非常勤で良いかと思います。業務としては、①情報収集・提供、②相談業務、③指導・助言、④研修・講習の開催、⑤地域診断、⑥専門家や関係機関との連携などが挙げられます。

改めて、中間支援組織は、①行政からの丸投げ感のない、地域へのきめ細かなフォローアップ、②厳しいことも指摘できる合理的・客観的な立場からのモニタリング、を担うことが重要だと思います。

おわりに

厳しいことばかりを述べてきましたので、最後は明るい話題で終わりたいと思います。この章の冒頭で述べた地域における既存制度の制度疲労に関しては、全国各地でそれを改善しようとする動きが見えます。

例えば、ある市で起きた自治会新会員に対する村八分には県の弁護士会から是正勧告が出されました。自治会の負担増に対しては、補助金を出して自治会の統合再編を促進する自治体も出てきています。また広報誌の配布などは事業者への業務委託に切り替えるなどの自治体も多く見られます。ＰＴＡの負担増に対しては、あくまでＰＴＡ活動は任意であり、保護者会でも良いという通知を発出した教育委員会も出てきました。社会教育団体等の既得権益化については、今まで自動的に毎年、特定の団体に交付されていた補助金を、多くの団体に門戸を開く審査方式に切り替えるなど補助金要綱を改正する自治体も増えてきました。

このように、全国各地で改革の萌芽が見られるということは、役所にも地域にも、実は内心、現状ではいけない、改革すべきと思っている人が多いからではないでしょうか。ただ、そのやり方が分からない、一人では立ち向かえない等の理由により、これまでは、それが大きな力にならなかっただけのように思います。

しかし、もう行政も地域も改革は待ったなしです。本書を手に取った皆さんは、一人きりではありません。必ず共鳴してくれる仲間がいるはずです。本書が少しでも皆さんの参考になり、皆さんのまちの行政経営改革が進むことを心よりお祈りしております。

【参考文献】

※近江八幡市安土学区まちづくり協議会「住民意識調査集計・分析レポート」（2019）
※近江八幡市「未来づくりキャンパス・地域資源活用塾活動レポート」（2019）
※中田実・山崎丈夫・小木曽洋司「地域再生と町内会・自治会」自治体研究社（2012）

あとがき

私事で恐縮ですが、私の大叔母は、愛知県の旧J村（現在のY市）で戦後初の女性村会議員を務めた人でした。大叔母が行った施策の一つに「成人式における洋装の解禁」というものがありました。当時はまだ特に女性においては、和装の「振袖」を着るのが主流でした（現在はまたレンタルしてでも「振袖」を着る女性が多くなっているようですが）。

大叔母は、戦後、洋装が主流になってきていたことから時流に合わせて成人式も洋装で良いということを打ち出したのです。しかし、理由はそれだけではありませんでした。その裏には、戦後も経済格差の激しい地方の村において、「振袖」が用意できない家庭が多くあったことに配慮したものでした。

私はこの大叔母のエピソードを幼少の頃から繰り返し、実母に聞かされて育ちました。現代でもなお、女性議員が圧倒的に少ない政治の世界で、初の女性議員を務め、慣習に立ち向かう改革を行うには相当の苦労があったに違いありません。子供心に大叔母は立派な人であったと思ったものです。

私は、今年、齢五十になりますが、地方自治や行政経営改革を専門とする職業に就いています。大叔母の事績は私の人格形成に深く影響を与えている気がします。私は大叔母から政治・行政を行う上で、次の三つのことを教えてもらったように思います。
・政治・行政は常にその時代の要請に対応したものでなければならない。
・政治・行政は常に弱者をおもんばかるものでなくてはならない。
・そのためには、前例や慣例にとらわれない改革を行わなくてはならない。
これらは、政治・行政のみならず、本書で再三述べてきた行政経営改革の要諦そのものとも言えます。

現代を生きる私たちは、かわいい子供や孫たち、さらには見ることはない次世代のために、借金のツケを回すことなく、悪しき慣習は改め、皆が民主的で平和に暮らせる世の中になるよう努力していかなければなりません。

そのためには、すべての自治体において行政経営改革が当たり前に進むように、これからも私たちは行政経営改革に関する研究と実践に努力してまいりたいと思います。

２０２０年５月

編著者　滋賀大学　産学公連携推進機構　経済学系　教授
横　山　幸　司

本書は、国立大学法人滋賀大学の「学長裁量経費（重点戦略推進経費）による出版助成事業」の助成を受けて刊行しました。

■編著者

横山　幸司（よこやま　こうじ）

滋賀大学 産学公連携推進機構 経済学系 教授

行政職員を経て2013年度より現職。行政職員の間に国、県、市、町村という地方自治の全ての層に勤務した経験を持つ。これまでに行政経営改革や地域再生等で関わった自治体は延べ230以上。（2020年５月時点）内閣府地域活性化伝道師、内閣府PFI推進委員会専門委員をはじめ公職多数。博士（学術）

■執筆者・執筆分担

横山　幸司　滋賀大学 産学公連携推進機構 経済学系 教授（第１章～５章、11章）

壬生　裕子　滋賀大学 産学公連携推進機構 プロジェクト・アドバイザー（第６章）

新田　博之　パシフィックコンサルタンツ㈱社会イノベーション事業本部 総合プロジェクト部（第７章）

中西　　淳　パーソルテンプスタッフ㈱西日本OS事業本部 西日本運用二課長（第８章）

苅谷　　忍　㈱ケーケーシー情報システム事業本部営業推進室（第９章）

飯久保啓太　ピーディーシー㈱システムビジネス本部 担当リーダー（第10章）

行政経営改革《ぎょうせいけいえいかいかく》の要諦《ようてい》

2020年５月26日　第１刷発行

編著者　横山幸司

発行者　岩根順子

発行所　サンライズ出版株式会社

〒522-0004 滋賀県彦根市鳥居本町655-1

電話 0749－22－0627

印刷・製本　サンライズ出版株式会社

ISBN978-4-88325-691-4 Printed in Japan　定価はカバーに表示しています。